U0772531

新闻发言人实务丛书

基层新闻发言人实践

夏凡◎著

五洲传播出版社

图书在版编目（CIP）数据

基层新闻发言人实践 / 夏凡著. —北京：五洲传播出版社，2016.5

ISBN 978-7-5085-3361-2

Ⅰ.①基… Ⅱ.①夏… Ⅲ.①新闻公报—基本知识 Ⅳ.①G210

中国版本图书馆CIP数据核字（2016）第054468号

"新闻发言人实务"丛书

出 版 人 荆孝敏

编 委 史安斌 刘笑盈 孟 建 武和平 龚铁鹰 董关鹏（按姓氏笔划排列）

基层新闻发言人实践

作 者 夏 凡

责任编辑 苏 谦

设计制作 北京翰墨坊广告有限公司

出版发行 五洲传播出版社

地 址 北京市海淀区北三环中路 31 号生产力大楼 B 座 6 层

邮政编码 100088

发行电话 010-82005927，010-82007837

网 址 http://www.cicc.org.cn http://www.thatsbooks.com

印 刷 北京浙京印刷有限公司

开 本 787mm×1092mm 1/16

印 张 10.25

字 数 150 千

版 次 2017 年 5 月第 1 版第 1 次印刷

定 价 32.00 元

目　录

前言　　　　　　　　　　　　　　　　　　　　　　　　　7

第一章　基层新闻发言人制度建立的必要性　　　　　　　11

　　一、建立基层新闻发言人制度是适应时代发展的需要　　　12

　　二、建立基层新闻发言人制度是适应公众知情权的需要　　14

　　三、建立基层新闻发言人制度是落实深化改革与社会治理体系建设的需要　17

　　四、建立基层新闻发言人制度是适应媒体发展的需要　　21

　　五、建立基层新闻发言人制度是保持和发展党的先进性的必然要求　24

　　六、基层新闻发言人与国家部委新闻发言人存在的差异　26

第二章　如何选配好基层新闻发言人　　　　　　　　　29

　　一、出色的基层新闻发言人必备条件　　　　　　　　29

　　二、出色的基层新闻发言人应该具备五种能力　　　　35

　　三、地方党委、政府要全方位关心基层新闻发言人的成长　42

第三章　基层新闻发言人如何面对当下的舆论环境　　　45

　　一、基层新闻发言人必须认识新媒体时代的网络舆论　　45

　　二、基层新闻发言人要在复杂的舆论环境中把握自己的立场　47

第四章　基层新闻发言人如何发挥好主动作用　　　　　　　　54

　　一、基层新闻发言人要积极推动地方政务信息公开　　　　54

　　二、基层新闻发言人要积极主动回应社会关切　　　　　　57

　　三、基层新闻发言人要围绕地方中心工作积极传播正能量　　59

　　四、基层新闻发言人要当好地方形象品牌塑造的策划师　　62

　　五、基层新闻发言人要能够充分挖掘潜能，使发布内容"N"次再传播　　65

　　六、基层新闻发言人要打造好自己的"两个翅膀"　　　　67

　　七、基层新闻发言人要当好媒体的"厨师长"　　　　　　70

第五章　基层新闻发言人如何处理与媒体的关系　　　　　　　72

　　一、要尊重新闻、善待媒体　　　　　　　　　　　　　　72

　　二、在记者面前，一定要摆正受访的位置　　　　　　　　75

　　三、基层新闻发言人要学会给记者讲故事　　　　　　　　81

　　四、基层新闻发言人如何面对外国记者　　　　　　　　　83

　　五、基层新闻发言人如何面对网民"爆料"　　　　　　　85

第六章　基层新闻发言人如何做好舆情分析　　　　　　　　　87

　　一、分析舆情，是为有效引导舆论　　　　　　　　　　　87

　　二、舆情的收集　　　　　　　　　　　　　　　　　　　89

　　三、舆情的具体分析　　　　　　　　　　　　　　　　　91

第七章　基层新闻发言人如何处置突发事件　　　　　　　　　103

　　一、突发事件处置的原则　　　　　　　　　　　　　　　103

二、突发事件处置过程的特例 117

三、突发事件处置现场采访管理应注意的事项 119

第八章　基层新闻发言人如何做好新闻发布 126

一、新闻发布会前的必要准备 126

二、新闻发布会的形式和注意事项 135

三、把握新闻发布会场的各个环节 141

四、如何把握新闻发布会的氛围 143

第九章　基层新闻发言人如何把握发布语言技巧 145

一、基层新闻发言人语言技巧的六个坚持 145

二、基层新闻发言人的行为语言技巧 151

第十章　舆论危机后基层新闻发言人如何做好形象修复工作 152

一、打造正面的舆论热点，吸引媒体、公众关注 152

二、无形的舆情怎么办？ 154

三、舆论危机后的形象修复要持之以恒，有系统的规划 155

四、基层新闻发言人要当好地方形象塑造与维护的践行者 157

后记 159

前　言

　　2011 年 6 月 8 日，中共中央办公厅印发《关于深化政务公开加强政务服务的意见》文件，明确提出 "以公开为原则，不公开为例外" 的信息公开原则，并要求各级政府建立健全信息公开条例配套制度，逐步实现政府信息公开的系统化和标准化。2014 年，党的十八届四中全会再次强调要全面推进决策公开、执行公开、管理公开、服务公开、结果公开。此后，中共中央办公厅、国务院办公厅发布了《关于建立健全信息发布和政策解读机制的意见》，将各部委信息公开的条目、主要领导参与发布的次数均具体化。2016 年 8 月，国务院办公厅印发《关于在政务公开工作中进一步做好政务舆情回应的通知》，要求各级政府及其部门要建立健全政务舆情的监测、研判、回应机制；明确涉及地方的政务舆情，按照属地管理、分级负责、谁主管谁负责的原则进行回应；强调建立政务舆情回应通报批评和约谈制度。政务公开工作逐步深入推进。

　　2014 年 7 月，一位刚毕业的大学生来到商丘市政府法制室，要求查询市长们近期工作的行程，让在场的工作人员很惊讶。过去，一个普通公民没谁会去查市长的行程。即使去查，工作人员也不一定会理他。如今，商丘市政府工作人员确有相关资料供他查阅。2015 年 8 月初，商丘市政府新闻办公室还利用官方微博主动发布了原市长李公乐一段时间的工作行程，网友们看到市长 "政事" 很忙，纷纷点赞 "辛苦啦！"

　　近年来，在非典、食品和煤炭生产安全事件以及汶川地震、也门撤侨、马航客机失联、"东方之星"客船翻沉、"8·12"天津港特大爆炸事故等重大突发事件中，各级党委、政府都在借助新闻发布等平台告知公众真实的信息，与公众展开良性沟通，引导公众了解政府在危机中的态度和采取的措施。这种阳光行政、尊重公众知情权的社会治理方式，也得到了公众的广泛认同。实践证明，信息公开是"国家管理"向"国家治理"体系转变的体现，也是适应公众在全媒体时代对信息知情权常态化的要求。

全媒体时代，人人都可以掌握信息传播与交流的平台，即使偏远的地方，也会迅速成为人们关注的焦点。而基层党委、政府往往是处置现场的第一责任人，及时发布准确的信息、告知人们真相至关重要。

最近，北京、贵州、河南等地相继推出关于建立健全信息发布和政策解读机制的实施方案。2016 年 12 月，河南省成立政务公开与政务服务领导小组，省委常委、常务副省长翁明杰任组长，出台《河南省政务公开工作考核办法（试行）》，明确了政务公开考核和追责细则。河南省政府新闻办公室还通过媒体公布省直单位、各地市（县）的信息发布次数、参加发布会的领导规格，以及新闻发言人的联系方式，强化新闻发言人的责任感和担当意识。信息公开、信息发布是社会发展的大方向、大趋势，也是社会治理体系建设的必然。

在信息公开实际工作中，某些基层干部面对媒体不敢说、胡乱说、说错话，"暴力"回应的事件时有发生。与媒体打交道、舆情处置、新闻发布成了"双刃剑"，方法得当有助于抚慰民心、鼓舞士气；否则，会带来形象"自残式"伤害。在与基层领导干部、基层新闻发言人交流时，能够深深地感受到他们对加强新闻发布能力的迫切要求。

由于笔者长期在基层新闻发布部门工作，难免接受各类新闻发言人培训班的讲课邀请。起初，还以为自己教师出身，经过新闻、文艺、外宣等多个岗位历练，讲这种课还不是小事一桩？但是，仔细梳理基层新闻发言人职责时才发现，他们所处的位置、面对的受众、发布的对象、拥有的资源，以及面对媒体时的心态、肩负的责任，与中央和国家机关部委新闻发言人相比，的确存在一定的差异与特殊性。这让笔者开始思索，怎样培训才能对基层新闻发言人有实效？

一度，有些官员出现信仰迷惘、决策武断、不接地气、急功近利、工作作风粗暴等伤害广大公众情感的言行，更有一些对现实社会不满的人或境外势力，借助偶然事件，通过"意见领袖"或"网络水军"来放大我们基层干部不当作为，进一步撕裂党群、干群之间的关系。怎样及时回应这些社会热点，预防和减少对基层组织和干部不必要的伤害？

经过不断的探索、总结，笔者认为，培训基层新闻发言人一定要结合他们的工作特点，与推进政务公开、增加信息透明度结合起来，与培养他们面对社会关切敢说话、会说话、说好话的能力结合起来，与树立地方形象的意识结合起来，不断提高基层领导干部和新闻发言人自身媒介素养，提高信息对公众的黏合作用，创新信息发布的形式与手段，使基层新闻发言人的培养与社会发展同步，更具针对性。

过去，基层设立新闻发言人与否，大家的感觉不是很迫切。随着新兴技术不断进步，公众教育程度不断提高，他们通过新媒体了解外面的"世界"，也可以通过新媒体将身边见闻即时"发布"。最初的目的可能是信息交流、好奇、寻找情感的支持或发泄私人情绪，但一些谣言或不实信息，如果得不到官方澄清或引导，就可能会形成巨大的负面舆论效应，所以迫切需要通过基层新闻发言人将舆论危机风险管控前置，把负面影响化解在萌芽状态。

2013 年 8 月，薄熙来涉嫌受贿、贪污、滥用职权案在济南市中级人民法院依法公开开庭审理。该院通过官方微博直播庭审情况，赢得了社会称赞。尽管没有看到新闻发言人，没有看到记者提问，但社会普遍认为这就是新闻发布。过去大家对新闻发布会的认识是社会组织在发生重大事情时，向新闻媒体公布信息，借助于媒体来回应社会关切。新媒体的兴起，让新闻发布的人员、场景、方式、内容发生了深刻变化，基层新闻发言人实现了从单纯依赖新闻界发布的"借嘴说话"到"借嘴说话"与"自我说话"相结合，建立多层次的发布、回应渠道。政务新媒体的普及与应用，让基层新闻发言人有了用武之地。

基层党委、政府时时直面公众，也是公众感受、质疑、求助和监督的第一对象，必须要提高服务意识，打破条条框框，创造信息共享的平台，确保在重大突发事件以及社会热点、公众疑惑中不失声、不缺位。围绕民生与热点问题，不仅要讲清楚"怎么样""怎么看"，更要讲清楚"怎么办"，把公众的期盼融入决策和工作中去，从而扩大公众与地方政府的融合度，增强改革发展的信心和社会的凝聚力。

回顾近年来公众聚焦的大事件，可以看出来，什么地方信息发布得好，什么地方政府与公众的矛盾少，公众猜测少；什么地方基层新闻发言人的作用发挥得好，舆情处置得好，什么地方的社会正能量大，对外形象光彩；什么地方政策透明度强，按规矩办事，什么地方的社会治理体系建设水准与公众幸福指数高。只有把基层新闻发言人推向"社会发布厅"，真相才能跑过谣言，政府才能不给公众打信息的"欠条"。

目前，关于新闻发言人和舆论危机应对方面的书籍很多，而围绕基层新闻发言人的概念还没有开展深入系统的研究。笔者特意将基层新闻发言人从新闻发言人的大概念中单列出来，就是希望能够更好地与大家一起探讨什么是基层新闻发言人，建立基层新闻发言人制度的必要性，如何选配好基层新闻发言人，怎样发挥基层新闻发言人作用和如何在舆论危机后做好形象的修复与保养。

前教育部新闻发言人王旭明曾发短信给笔者：我们今天的生活发生了重大变化，改善社会治理环境，是每一位基层领导干部、新闻发言人的职责，应共同努力！

第一章　基层新闻发言人制度建立的必要性

前国务院新闻办公室主任赵启正说，"新闻发言人不是人，而是制度。"

新闻发言人是指由党委、政府及其下属机构所任命或指定的新闻发布人员，其职责是代表本级党委、政府或本机构，就责任范围内的重大事件或现实问题，举办新闻发布会，阐释党委、政府、机构的立场、观点，介绍党委、政府、机构已经采取和将要采取的对策措施，并回答记者的提问。

那么，什么是基层新闻发言人？一般认为，基层组织是指市、县机关及其直属单位和企事业单位，乡镇、街道和村、社区，非公有制经济组织、社会组织和其他基层组织。顾名思义，能够代表市、县、乡镇党委、政府及其直属单位和企事业单位、街道、村、社区及其非公有制经济组织、社会组织和其他基层组织的信息发布者，可以统称为基层新闻发言人。

目前，基层新闻发言人的设置大致分为单位常任兼职性、临时性、通讯员三种形式。常任兼职性基层新闻发言人一般由单位指派有级别的领导担任，临时性基层新闻发言人一般根据记者采访议题需要指定从事相关工作的同志担任。另外，基层通讯员根据单位需要将发现的有意义、有新闻点的事主动向媒体推介，这也是一种发布的形式。

一、建立基层新闻发言人制度是适应时代发展的需要

国务院新闻办公室主编的《政府新闻发布工作手册》介绍，20 世纪五六十年代，我国外交部举行新闻发布会，是不出现发言人名字的。1983 年 3 月 26 日，时任外交部新闻司司长钱其琛第一次以外交部新闻发言人的身份面对中外记者亮相。同年 4 月 23 日，中国记协首次向中外记者介绍国务院各部委和人民团体的新闻发言人。2003 年"非典"危机以后，从中央到地方，各级政府开始逐步建立新闻发言人制度。

从历史背景来看，我国政府新闻发言人的产生与处理公共关系的诉求密切相关，主要通过舆论危机管理、日常沟通、国际交流等来开展工作。近年来，随着网络技术的迅速发展，人人都可以用随身携带的手机、ipad 等工具将消息传到互联网上，再配上吸引眼球的图片和标题，很短的时间内"引爆"社会。为了压缩虚假信息的空间、告诉人们真相，避免公众猜疑、责怨，必须在第一时间公布信息。

第一时间发布信息，离不开处置现场的基层新闻发言人。在突发事件中，基层新闻发言人能够在不同阶段发挥不同的作用：初期是形成舆论的权威信息的发布者，具有稳定民心的作用；中期，通过对事件的解释和评论成为舆论的引导者和控制者；后期，成为政府和公众舆论互动的连接者，推动双方对话，由突发事件促进对制度性问题的完善。地方政府在处理危机的同时，通过基层新闻发言人与媒体、民众积极沟通，有助于塑造一个可信赖的、负责任的政府形象。

近几年，四川什邡、江苏启东、云南丽江、湖南平江、海南康乐花园等多地发生重大项目遭受群众抵触而仓促下马的情况。这一方面说明群众的公民意识和维权意识在不断加强，另一方面也暴露出地方政府在决策过程中正面的信息发布缺失，或决策的本身就存在"先天不足"，产生信息

不对称的隔阂，最终造成"老百姓不闹不解决"的信誉透支，给地方形象带来伤害，也给企业、投资者带来巨大的经济损失。

为更好地让公众了解政府的工作目标、措施和权益，及时掌握公众的想法、意见，基层党委、政府必须建立与完善基层新闻发言人制度，将信息发布常态化、制度化，打造政府与公众紧密相连的信息"朋友圈"，推动基层政府的决策透明、执行透明、管理透明、结果透明。

案例分析：商丘市规范整治三轮车、电动四轮车交通秩序新闻发布会

2015 年，商丘市决定依法规范整治三轮车、电动四轮车交通秩序。此事关涉千家万户，比较敏感，处理不当极有可能演变为群体事件。时任市委书记魏小东亲自召开会议，要求信息公开，宣传到位、与群众沟通到位、各项服务措施到位。7 月 10 日，商丘市举行"依法规范整治三轮车、电动四轮车交通秩序新闻发布会"，充分发挥传统媒体与新媒体的作用，扩大信息传播力度，实现广而告之，家喻户晓。

相关部门持续释放信息。交警支队播放近年来因三轮车、电动四轮车带来重大交通事故和交通秩序乱象的纪录片，营造人们对依法规范整治三轮车、电动四轮车交通秩序决定的共识。民政、社保、残联等部门发布停止三轮车、电动四轮车营运后的车主生活援助以及免费技能培训等措施。公安部门发布免费为三轮车、电动四轮车上牌照及规范交通秩序的方法。城管部门发布加大公交车投入与新开辟公交线路及分期投入 1000 多辆公共自行车租赁的决定。运管部门承诺提高出租车行业的服务水平。各种信息表明一系列举措将确保停止营运后的三轮车、电动四轮车车主生活无恙，又做到方便公众出行，从而减少了大家的抵触情绪。

同时，市委宣传部统筹报社、广播电视等媒体开栏目、发专访、答记者问。市政府新闻办也积极发挥官方微博、微信"商丘发布"的作用，做好舆情监测和公众沟通工作。一度，网上反映存在出租车司机不打表、乱要价和公交司机服务态度不好、机动车乱停乱放等现象，"商丘发布"迅速将舆情反馈给相关单位，对当事人给予严查重处，并将结果公布于众。还有群众对上牌照的工作人员态度不满或因对程序了解不够多走了冤枉路，在网上吐槽、抱怨。"商丘发布"也作出回应："向您致歉，会有改进！社会治理是多部门协力的事情，任何一个环节给群众带来困扰都是不应该的，都会给全局工作造成不良影响。希望相关部门看到本博，应身体力行，充分理解与体会群众的辛苦，时间紧、没接到通知……不能成为拖沓的理由。群众的抱怨，实质是在支持我们的工作，千万不能凉了他们的心！"

"商丘发布"常常半夜时分还在与公众耐心沟通，有人认为这不是新闻发言人该干的活。可是，通过"商丘发布"私信沟通，能舒缓公众的怨气，这正是基层新闻发言人重要职责的具体体现。"商丘发布"的"铁粉"们也常常自发地"护盘"，评价"商丘发布"讲实话，办实事。凭着正气与定力，商丘市依法规范整治三轮车、电动四轮车行动获得了公众的理解与支持，实现了社会治理与公众出行的双赢。

二、建立基层新闻发言人制度是适应公众知情权的需要

随着社会治理理念的普及深入，公众的民主意识、参与意识逐渐增强，

对政府信息服务的要求也逐渐提高。公众对信息公开的需求，与国家社会治理的需求具有一致性。信息公开是体现执政为民、凝聚民心、群众当家做主的重要举措。作为基层新闻发言人，不仅要面对公众和媒体发言，还要通过舆情收集，积极向地方党委、政府发言，促进各党委、政府真正问政于民、问需于民、问计于民，将政府的意志转换为公众响应的动力，推动工作进程。

公众对信息公开的诉求，实质是出于对自身或某个弱势群体利益的"自我保护"本能，就是害怕某些社会治理者借助文字游戏粉饰过失，或假借公权谋取私利，对弱势群体不公平。媒体的监督职责也是为社会提供及时、客观、敏锐的信息服务，他们所关心的信息在某种程度上也就是公众所需要的。在舆情处置中，如果信息公开，事件处置得当，公众了解到所关心事情的前因后果，感到公平、公正，往往会主动放下那份"牵挂"，舆情可能转换趋势，变为理解、支持的力量。相反，如果信息封闭，与公众的渴望相逆，反而会激发公众"求知"的意愿，有关部门可能就会受到媒体、公众的质疑与批评。商丘市中级人民法院发布的 2015 年十大民事行政诉讼案件，第一件就是要求某办事处信息公开。

众多舆情处置的经历，让笔者深感，再也不能通过"围""堵"或佯装"闷葫芦"的方式来处理公众的关切，只有通过交流和沟通来进行"疏导"，才能增强政府的凝聚力。

案例分析：商丘段高铁建设项目拆迁如何做到信息透明

2015 年，因郑州至徐州高铁建设的需要，商丘段建设项目红线内需要征收拆迁房屋面积 134.37 万平方米，涉及居民、商户近万户。刚开始，有些群众面对工作人员的劝解和经济补偿表示疑惑，要么"躲猫猫",要么"就地还钱",工程进展不太顺利。

商丘高铁建设指挥部经过详细分析研究,认为大家对拆迁政策还是了解不够,普遍存在观望、怕吃亏情绪,如果不讲透高铁修建的好处和拆迁补偿政策,强制拆迁只能让公众情绪反弹,或闹出群体事件。于是,指挥部安排基层新闻发言人尽早举办发布会,通过各种媒体释放信息。同时,组织几百名党员干部"走巷串户",并以微信等社交方式"挤"进居民的"朋友圈",人对人、点对点地"发布"高铁项目建设规划、征迁补偿标准,强化公众参与监督,公开对某些徇私舞弊的公职人员的处理意见,充分体现"一碗水端平"。

拆迁区域里居住了大量下岗职工、个体商户,难免存在这样或那样的特殊问题,"发言人"通过社交媒体收集公众不同的意见,及时向指挥部反馈问题,筛选共性问题统一解决。同时,指挥部还细化个性化方案,对特困户送温暖,做到沟通的大门敞开,补偿的政策透明,让大家口服心服。时任商丘高铁建设地方负责人付绍玉说,信息透明,让等、靠、挑剔的人没有攀比的理由,公平让大家变得自觉,为拆迁工作顺利完成营造了良好的舆论氛围。

由于基层领导干部对信息公开的认知不同,对舆情的收集、处置手段不同,所产生的社会效果也会不同。

2013年10月,浙江省余姚市发生台风、强降雨,导致70%以上的城区被淹,22万余户居民家中进水,部分区域停电。有人在网上说灾民裹着报纸蜷缩睡觉,不清楚到哪里领取救灾物资,超市物品卖到断货,感到地方政府救灾不力。又有人称上游河道开闸,加剧了民众对灾情的猜测。

10月10日，余姚市举行新闻发布会，市长奚明在发布会上公开表态："120多个小时过去，广大干部在做一件事情，就是抗洪救灾。"政府新闻办（官方）微博也发布，当地党员干部都冲到了救灾第一线，并表示浙江省、宁波市、余姚市三级党政部门与军民都投入到了这场家园保卫战中。

但由于舆情疏导渠道单一，缺少与公众沟通的平台，公众怨气难消。10月11日，在余姚市报道灾情的宁波电视台记者，因不当对话激怒现场公众，一些人围堵媒体的采访车，砸坏护送电视台记者的特警车。后来，境内外多家媒体报道砸警车、救援不力等事件，产生了较大的负面影响。

笔者推演，如果余姚市在灾情出现后，迅速启动应急机制，地方媒体迅速加大对救灾的宣传力度，并透过各种媒体（包括社交媒体）明明白白地告诉大家政府关爱公众的具体行动，政府救助人员在哪里，政府救灾物资在哪里，目前发生了什么情况，问题处置的进展以及还存在的困难与解决问题的希望，设立公众交流、咨询平台，塑造基层党员干部、公众互助的典型，打造同舟共济的景象，一定能引导公众理性看待灾情，支持政府救灾工作。

三、建立基层新闻发言人制度是落实深化改革与社会治理体系建设的需要

2013年11月12日，十八届三中全会通过的《中共中央关于全面深化改革若干重大问题的决定》提出"完善和发展中国特色社会主义制度，推进国家治理体系和治理能力现代化"是全面深化改革的总目标。而国家治理最重要的"多元主体管理，民主式、参与式、互动式管理"特点，反映了党政机关的权力配置和行为方式都将要发生深刻的转变。如果把公众当"木偶人"，怎么去体现民主、参与、互动？如果看到不实的情况，或听到错误的信息，公众对党和政府的方针、决策、实施的过程很容易产生曲

解及不信任，很难号召广大公众响应、支持、参与深化改革，国家治理体系的建设可能就会成为空谈。

2016年2月19日，习近平总书记在新闻舆论工作座谈会中强调，"党的新闻舆论工作是党的一项重要工作，是治国理政、定国安邦的大事，要适应国内外形势发展，从党的工作全局出发把握定位，坚持党的领导，坚持正确政治方向，坚持以人民为中心的工作导向，尊重新闻传播规律，创新方法手段，切实提高党的新闻舆论传播力、引导力、影响力、公信力。"

"新闻媒体是党和政府的喉舌"，这是我国几代新闻人坚守的理念。在以报刊、广播、电视等为传播渠道的传统媒体时代，党和政府的声音是自上而下，通过统一的渠道发布，政府与媒体刊播的信息（新闻）立场高度一致，新闻与宣传重合度高，媒体更多的是在传播党和政府的声音。可是，在媒体产业化和"人人都是麦克风"的语境中，媒体悄然变为传播的载体、工具，信息发布的平台，于是各方都试图通过各种媒体特别是新媒体传播自己的声音、表达自己的观点，媒体所承载的内容趋于多元化，单向传播变成交互性多向传播。目前，基层新闻的发布、传播方式都发生了深刻的变化，很多新闻不再单单来源于党委和政府部门，媒体也会代表公众对地方党委、政府或中央某个部门的决策评头论足、发问。有些信息从草根的"微信圈"到传统媒体的跟进，同样能引发舆论危机。有时地方党委、政府感觉某个事件有些"烫手"的时候，其实"子弹"已飞了好长一会儿了。面对这样的新情况、新问题，基层党委、政府要善于通过新闻发言人的回应、阐释、处置，丰富传播的内容，促进媒体的"喉舌"作用，实现公共服务职能。

案例分析：商丘市马翮然被害事件与自媒体传播

2015年春节前后，商丘市某单位职工马海波为了怀念被人杀害的女儿马翩然，在微信里写了一封公开信，"心爱的女儿，你冷吗？你走了一个月，还好吗，想家吗？"

催人泪下的泣诉，被"朋友圈"不停地复制、裂变。有人还翻出马翩然灿烂、阳光的照片与其优雅的博文，同情心点爆舆情，引起《大河报》记者的关注。《大河报》公开报道后，很多传统媒体跟进，"央视女主播被害""杀人者的母亲是处级干部"等带有显著标签的信息加速传播。舆情监测数据显示，马海波发布的微信，最初仅在本地"朋友圈"中点对点地传播，《大河报》刊载后，仅仅3天，各类媒体转发5461篇（次），微博、微信、QQ增加20万余条。公安局发布侦破信息后，舆情才慢慢冷却。同年12月1日，马翩然被害一案将于3日在商丘市中级人民法院开庭的信息又一次通过自媒体传播。

在过去，个人发布有关案件的信息引发媒体报道舆论关注，几乎不可能。现在，在新媒体兴盛和社会治理体系建设的年代，想不让个人或媒体发声，几乎不可能。相应地，如果我们从案件侦破、审理等环节增加信息透明度，依法审判，以事实引导舆论，便能体现我们的司法正义和社会进步，引导媒体最终回归与党和政府一致的立场。

互联网的媒介作用，丰富了人们的生活，也强化了人们对信息即时推送和互相交流的能力，扩大了公众话语权，决策者与公众都是信息的受众，这种变化将会带来对决策者社会治理方式的挑战。权威发布一旦跟不上，谣言就会满天飞。2015年8月12日，天津港发生火灾爆炸事故，新媒体推送的信息量远远超越了当地的传统媒体，并引发各种猜测和质疑，导致舆情乱象。16 日，李克强总理在"8·12"事故现场强调，要本着对人民群众生命高度负责的精神，对空气、水、土壤质量等环境指标持续准确监测，公开透明及时向公众发布，不得漏报瞒报。这说明，为适应传播方式的变化，政府要高度重视并及时回应公众的看法，通过强化信息公开，做好舆情的沟通、引导工作，把"党的喉舌"作用与公众的愿景黏合在一起。但是，很多时候，高层的决策对公众来讲可能很遥远，要让公众能触摸到党和政府的心跳，必须依靠基层新闻发言人通过发布、宣讲、沟通去深耕细作。

2013 年 8 月 19 日，习近平总书记在全国宣传思想工作会议上强调，"'明者因时而变，知者随事而制。'宣传思想工作创新，重点要抓好理念创新、手段创新、基层工作创新，努力以思想认识新飞跃打开工作新局面，积极探索有利于破解工作难题的新举措新办法，把创新的重心放在基层一线。"

笔者在与基层领导干部交流如何适应现代媒体时，也常常看到他们流露出老办法不够用、新办法不会用的情绪，甚至留恋"一言堂"的时代，认为党的"喉舌"曝光基层政府是不应该的事，在背后抱怨当前宣传工作"乱套""瞎糊弄"，没有从思想认识、行为规范、语言应对等方面反思自身在社会治理实践中的"短板"，与科学执政、民主执政、依法执政的不合拍。

2013 年 4 月 3 日，有媒体报道，河北沧县张官屯乡小朱庄 400 米深的井水变成了红色，当地环保局局长邓连军面对记者的质疑，称"红色的水不等于不达标的水，比如咱在水中放上一把红豆，煮出来的饭也可能是红色的"。一夜之间，"红色的水不等于不达标的水"走红网络。仅 3 天时间，就有近 31 万网友参与讨论。社会治理体系建设要求每一位公务员从意识上、行为上都要努力践行为公众服务，公众的冷暖、困难、饮食安全都与自己有责，遇到媒体与公众的质疑，一定要放下傲慢心态，不能随意推诿或调侃。假若"红豆局长"获悉舆情后，马上安排经过培训的新闻发言人出面，其结局或会改写。因为在基层新闻发言人培训中，就会明确告知发言人的职责与作为，应怎样摆正与媒体、公众的关系，专业素养会让发言人以负责任的态度告诉记者，马上安排技术人员对地下水取样、化验，如果确认受到污染，一定依法采取措施保障公众生活安全，处理结果将通过官方网站向社会发布。态度积极，行动从速，即使这不是记者当场想要的答复，也会缓冲记者与信息发布者之间的情绪，媒体即使报道了这样的内容，也不会让舆情升级。

目前，微信、QQ、直播等社交媒体的盛行，促进了公众一个个情感诉求相近的"朋友圈"的形成，人们在"圈"里表达意愿，极易产生情绪化共鸣，抱团呼应。如果基层党委、政府正面的声音走不进这个"圈"，或长期漠视这个"圈"，掌握不了"圈"情，势必会为社会治理体系建设带来复杂的因素。基层党委、政府转作风，就要切实正确处理政府与市场、公众和社会的关系，既要依法治理乱象，也要在"圈"内努力培养为基层党委和政府说话的人，即基层新闻发言人。基层新闻发言人具有"圈内人"的地缘、人缘、情缘关系，通过留言、点赞、发布信息，融入"圈内"，用大家熟悉的语言和接地气的方式与公众交流，打通地方党委和政府与公众相连的渠道，帮助公众明是非、识真理，有利于及时化解舆情隐患，弘扬政府与公众的协同精神。

四、建立基层新闻发言人制度是适应媒体发展的需要

在新兴媒体加速融合的大趋势下，媒体从公共宣传转向为大众推荐个性化新闻，悄然改变了它的运行规律。它既要考虑对党和政府的服从，又要尊重公众的民主意识和对权力的监督，"让政务跟上时代，让公众尽享生活"是全媒体的发展趋向。因此，媒体在传播党的声音、弘扬主旋律的同时，也要回应公众关注的热点、难点问题，甚至戳破部门或地方小格局的"肥皂泡"，让不按党和政府规矩出牌，不顺应时代和人民要求的官员"破相"。

案例分析：一封给市长的公开信

在郑州生活的老媒体人李国发，于2014年11月19日晚从植物园回家，路上看到车灯下飘浮着大颗粒污染物。第二天，他便以"大花猫"的网名通过QQ空间向郑州市市长发出一封公开信，直言不讳地说，"我们这些普通市民，对你和你的政府对雾霾的治理非常不满，你可能听不到，许多人都在埋怨你，指责你，谩骂你！"其后，有人指出公开信里的市长名字写错了，李国发回应："他没做让我记住名字的事。"

这封公开信迅速引发公众与媒体的强烈关注。

通常情况下，给领导写信，能否收到回复且按下不说，像这样语气的投稿，本地媒体肯定不会公开发表。可是，这封不用纸笔的公开信，凭借自媒体的渠道和数十万人的叠加传播，以无形的力量被推送到收信人面前。这数十万人的参与，构成了媒体关注的焦点，也给执政者带来了压力。事后，李国发对媒体感慨，"时代真的变了，没有想到拿着手机就能跟市长对话。"新兴媒体的蓬勃发展，扩大了信息的覆盖面，增加了人们的阅读量，也使公众互通互联的能力日渐强大，提升了对事件的质疑与思辨能力。舆论不仅可以自上而下宣传党的方针、政策，教育人，引导人，还可以自下而上地反映社情民意，强化舆论对社会治理者的监督，或推动施政者改变初衷。其实，很多公众对这封信的关注点并不是公开信本身，而是治霾聚焦的难点，以及当政者的姿态、回应方式与措施。

从媒体报道中了解到，时任郑州市市长马懿看到公开信后，马上带领相关部门负责人深入一线调研，还讨论了很多治理方案。11月22日，中原网发布了市长马懿手写签名的《致郑州市民的一封信》，称："作为市长，心情感到很沉重。我认为市民朋友谈到的空气质量问题是现实的、客观的，对大气污染治理的建议是富有建设性的。作为人民政府，我们应认真对待、认真吸取。"此后，郑州市多部门负责人公开承诺，要克服困难，改变环境。一年后，上合会议在郑州召开，多国总理盛赞"郑州蓝"。

面对舆情回应公众能否实现双赢，考验着每一位社会治理者的意志和包容度，以及与社会公众沟通的能力。公民通过自媒体"发声"，引发公众、媒体关注，倒逼地方政府表态、回应，已成了基层处置舆情的常事。

也有人说，像这种事我们不理或者采取删帖等手段"封"了它不行吗？从技术层面上讲，暂时的"封、堵、删"是能够实现的。中国自古就有"家丑不可外扬"的思维惯式。一个地方或某个部门出现类似负面的舆情，都不愿意主动对外传播。这种投机的处置方式偶一为之，或可侥幸成功，如果长期刻意而为，等于给自己埋下了"定时炸弹"，甚至会造成公信度的崩盘。

2014年7月28日《人民日报》刊载：7月26日上午，广西涠洲岛旅游区管理委员会以及北海涠洲岛旅游发展有限公司遭到岛上民众围攻，并发生打砸事件。媒体称，这次事件是"因为救灾不力引发"，特大台风和暴雨袭击导致房屋、庄稼均受损惨重，而旅游管委会限定分批每户只发放了100块瓦片和1包水泥，村民自己购买还需要烦琐的审批手续，导致很多村民只能在家门口睡觉。

涠洲岛旅游管委会面对负面新闻处置得比较好，他们没有回避问题与矛盾，而是以坦诚的姿态，借助《人民日报》向外说明该岛被确定为国际旅游岛后，私搭乱建现象非常严重，治理者担心台风过后违章建筑大面积回潮，因而出此举措。同时告知大家，他们已经主动修正了"出发点是好的，但有背群众生活需求"的粗暴做法，并发布了"台风过后，第一批救灾物资就拨到涠洲镇政府，保证了受灾群众有饭吃，有干净饮用水，有病能够得到及时医治，还有临时住处"等信息，说明地方政府是关爱群众的。

五、建立基层新闻发言人制度是保持和发展党的先进性的必然要求

在"两条腿""两个车辘辘"的信息传播年代，基层干部靠面对面地宣传介绍党的施政纲领，赢得公众的支持，完成各项任务。在信息时代，人们逐渐意识到再快的车轮子也赶不上网络速度，何况城镇化、工业化的进程，加快了人员的流动，很多农村青年、城市居民分赴全国四面八方，基层干部与辖区的居民也往往一面难谋，或是相见不相识，再死守过去的沟通模式，显然就有些"刻舟求剑"。

特别是微博、微信、客户端等新兴媒体的出现，便捷的功能将大批年轻人培植成"低头一族"，上下班路途中、吃饭等人时、午间小寐前，一部手机足以让人了解时事、完成人与人的交流。再好的施政方略，如果在传播方式上与公众认知的渠道变成平行线，那永远也不会达到情景交融、推心置腹的效果。

案例分析：商丘市新闻发言人创新发布形式实践

2010年6月25日，中共商丘市委下发了《关于建立党委新闻发言人制度的意见》等文件，明确要求各县（区）、市直各单位、企业都要设立新闻发言人，要以群众喜闻乐见的方式推进信息公开，回应社会关切，强化党委、政府重大决策与公众的沟通。同年12月，

商丘市组织百余名新闻发言人集体亮相，并通过媒体公开发布新闻发言人联系方式。几年来，商丘市新闻发言人制度日益完善，不断开拓新闻发布的快捷平台，创新发布形式。基层领导干部在走巷串户的同时，也能顺应潮流，用微博、微信等现代传播方式与大家互通互联，消除了沟通渠道上的障碍，促进了信息时代党群、干群紧密相连，从新闻发布、政策解读到家长里短，实现了"政治变家常"，基层组织立足"潮"头，保持党的先进引领能力。

几年来，商丘市相继开通了"民意快线""纠风在线""商丘发布""微博商丘""平安商丘"等网上理政、信息发布平台，以公众希望的方式、喜欢的语言，让"信息多跑一点路，群众少跑一点腿"，让政府多了解一点基层情况，群众多几分知情权，建立公众与政府互动机制，拉近地方党委、政府与群众的距离，改变过去施政过程中的隐秘性、封闭性，先后回应和解决群众关切的问题近万起，受到社会好评。河南省委办公厅曾在商丘举行现场会，推广商丘经验。省委原常委、纪委书记尹晋华还为"纠风在线"题词，"永远把群众的事情放在心坎上，祝商丘纠风在线办到群众的心坎上。"2017年1月，人民日报与新浪网发布2016年全国政务微博排行榜，商丘市委宣传部官方微博"精彩微博"被评为河南省十大政务微博；商丘市委宣传部官方头条号"精彩商丘"还被"今日头条"和中国互联网发展基金会评为"2016年全国最具潜力政务头条号"。

宁陵县委宣传部以微博、微信"梨乡宁陵"为龙头，统筹全县党政部门、企事业单位的政务微博、微信建设，打造宁陵政务"微"集群。目前，全县交通、工商、公安、税务、电力、气象、农技等70多个与民生密切相关的县直单位，以及14个乡镇的官方微信、微博均入驻微集群。他们通过"一张网",建立应急"新常态",当好县委、县政府的信息"扩音器",铺设政务、民众交流"连心桥",聚民智、解民忧,把"网情""网事"转化为解决问题的实际行动。如"梨乡宁陵"接到网友反映柳河镇大朱庄村借修路之机搭车乱收费的信息后,在微平台上公开求证、讨论,引起有关部门重视,很快责成不当收费退还给群众。学生王月蒙因父患癌症,家有两个脑瘫弟弟,面临失学的信息在微群发布后,葛天义工联主动帮助她上街卖茶叶蛋募集捐款。

最近,民权县还设立了"党员微平台"公众号,任何人都可以通过点击查阅各县直部门与群众生活相关的信息,足不出户就可以咨询"申请危房改造都要啥手续""二孩生育证咋办理"等具体事宜。心里有什么疙瘩,在这里一说,群内的人们你一句,我一句就解开了,达到了方便群众、提高工作效率、传递党的声音、弘扬正能量的目的。2017年初,睢阳区李口、坞墙等乡镇办起了微信公众号,他们自喻"这是俺们的掌上报纸、电视台,可方便啦"。

坚持实事求是,践行群众路线,就是要通过新的方式,走近群众,了解他们的心声,熟悉他们的语言与感受,依靠基层新闻发言人向广大党员干部和群众介绍党的主张和举措,感染群众、带动群众,推动社会治理民主化、科学化、人性化进程。

六、基层新闻发言人与国家部委新闻发言人存在的差异

常言道,"上面千条线,下面一根针",基层工作的实际状况决定了

基层新闻发言人的作用不能仅仅局限于新闻发布会，还要担当地方党委和政府政策解读、与公众沟通、舆情处置、单位形象的对外展示等任务，担任公众焦虑情绪的心理疏导员、生活"百灵鸟"，当好思想教育活动的实施者、示范者，主流意识传播者。

一是存在发布地位的差异。相对而言，中央、省直机关的新闻发言人对中央政策的把握和理解往往要深透一些，而基层新闻发言人往往更侧重于对政策的实践和体会。在实际发布过程中，因其所拥有的资源、发布环境的不同，面对记者难免会产生心理上的差别。市、县、乡镇的基层新闻发言人面对的媒体、公众的质疑更具体、细微、个性化，发布会的场面存在众多不确定因素。另外他们还具有一种天然的仰视心态，因为有些媒体记者不经意亮个身份，就可能是处级、厅级，还没交流，基层的身份已让新闻发言人自己无论在心理上还是在姿态上低了几分。基层新闻发言人面对网络有时也显得"形单影只"，你发布正常的内容人家未必关心，面对反常的事件，基层新闻发言人还常常遭受媒体和公众的"检阅"，或陷入被人"老不信"的窘境。

二是存在发布环境的差异。中央、省级新闻发言人能做的、能说的、能办的，基层新闻发言人往往没有条件照搬或模仿。中央部门工作具有条块性、规范性，什么时候应该发布什么内容相对有规律和时间节点。而且他们是政策的制定者、推行者，业务熟，把握舆论的导向力度强。而市县乡是执政的基础，是各种方针、政策落实的前沿，也是媒体和公众最容易直接监督的阶层，往往新闻发布的时间、内容是被动传递。他们面对的记者不可能分主流非主流或行业，甚至对自媒体也要谨小慎微，受访的节点、媒体选择范围都很小。中央部门和省级新闻发言人越是面对众多的记者，报道出去的内容会越客观、真实，因为媒体相互之间也能制约或监督。而基层新闻发言人面对个别记者，往往容易被有选择性地传播，造成断章取义，不容易监督记者的"场景失真"。

中央、省级新闻发言人的信息发布大多在新闻发布厅，依赖于传统媒体。由于基层条件所限，基层新闻发言人很可能不具备新闻发布厅等硬件设施，也不可能常常面对众多长枪短炮的中外记者，有时发布前也不会有太多的准备。他们可能更多的时候出现在田间地头、地方企业、街道，一对一地即时直面记者发布，或者是面对当地群众进行直接发布。当然，现在基层新闻发言人还可以利用微博、微信、论坛、QQ 等新媒体拓宽发布渠道，或者借助有影响力的传统媒体、网络去发布。

三是存在发布机构职责的差异。中央部门和省区市均设有新闻发布的业务部门，遇到突发事件有一套人马研究对策，而市、县里，一个宣传部往往也就那么几个人。笔者在睢阳区委宣传部工作时，就曾同时担任过党教、社宣、调研等几个科室长。到乡镇，更是孤家寡人，除了宣传委员，往往连个干事、助理都很少配备。既要组织党的方针、政策学习，又要包村驻点，主动开展新闻发布工作很难。另外，农村有文化的青年大都外出打工，剩余的人大多老弱病残，新的信息发布、传播模式在基层也存在着先天不足，看似终端服务与公众仅有两三米，但也很难搭在群众的心坎上。基层新闻发言人要当"杂家"，只有砍、割、扬、犁、耙，样样"把式"都会，才能自如地应对媒体、贴近群众。

当然，基层新闻发言人也有他们的长处，就是"接地气"，他们能在第一时间获悉公众的真正诉求，掌握较为隐蔽的舆情，能够及时解决问题，把舆情危机化解在萌芽阶段。基层新闻发言人还能够直接观察新闻现场，捕捉鲜活的信息，引用群众喜爱的方式和语言，产生较强的信息发布感染力。

面对新的形势要求、新的媒介环境，基层新闻发言人队伍必须下沉，发挥根植群众的优势，让政策变为"熟人"言语，成为一个区域或行业内的公众"意见领袖"，正确引导舆论，把社会主义核心价值观变为公众行为的自觉。从而，让新闻发布制度从"外交需要"到"内外兼修"，从"中央实行"到"基层实践"，并成为我国社会治理现代体系建设中不可缺少的重要内容。

第二章　如何选配好基层新闻发言人

2009 年 3 月 1 日，时任中共中央政治局常委、中央书记处书记、中央党校校长习近平在中央党校春季学期开学典礼上作重要讲话，提出各级领导干部要努力提高六个方面的能力，其中一个方面就是要提高同媒体打交道的能力。

清华大学新闻与传播学院史安斌教授在"十年再出发——中国新闻发布实践与创新论坛"上指出，各省 1/3 副厅级以上的领导，都有过新闻发言人的从业经验。他解释，"这个事实，不是说大家当新闻发言人就能升官，但这确实是未来选拔领导人的要求。"

具备同媒体打交道的能力，显然不仅是对各级领导，更是对基层新闻发言人的基本要求。为了充分体现党中央的声音与意志，使公众能切实感受到经济发展的实惠，与群众朝夕相处的基层党委、政府有必要选配出色的新闻发言人，通过日积月累的沟通和宣讲，让广大公众成为支持深化改革的坚定力量。

一、出色的基层新闻发言人必备条件

案例分析：商丘市基层新闻发言人基本情况

2015 年 6 月，商丘市政府新闻办公室对本地近年来的市直单位、各县区新闻发言人和实际举行的发布会记录进行了统计分析，基层新闻发言人大多是各县（区）党委、政府或市直单位的主管领导、秘书长（办公室主任）、宣传（政策研究）部门负责同志兼任，也有一些由单位重要的业务科室负责同志担任。根据商丘市委《关于建立党委新闻发言人制度的意见》和《河南省关于建立健全信息发布和政策解读机制的实施细则》要求，商丘明确市委新闻发言人由宣传部主管外宣的副部长担任，市政府新闻发言人分别由一名政府副秘书长和新闻办主任担任。在特定的发布会上，为增强权威性和专业性，有时也安排专业程度高的权威人士或地方主要领导临时担任新闻发言人。相关文件还规定，各级党政机关主要负责同志是本地区或本部门的"第一新闻发言人"。

商丘市实行基层新闻发言人资格报审制度，市委外宣办、市政府新闻办是新闻发言人管理、培训和新闻发布、政策解读、回应社会关切的具体组织实施机构。

基层新闻发言人首先政治立场必须可靠，对待公众事务热忱，有较强的语言表达能力。其次要熟悉本市、县的人文地理、社会发展基本情况和本部门工作，要有敬业、担当精神，在重大突发事件中具有一定的心理承受、应对能力，还要具备一定的新闻传播与新闻发布知识，能够积极协调组织新闻发布、形象策划、与媒体和公众的沟通活动。此外，基层新闻发言人要让公众感到"形象、具体、生动、感人"，有点幽默感会更好。

1. 出色的基层新闻发言人必须坚持积极、主动学习

每一场新闻发布会，每一个公众的疑惑，每一个记者的采访目的，以

及事件发生在不同的时间、不同的特定环境，都有可能存在着不同的错综复杂背景，基层新闻发言人不能企图依赖某一两次培训班就万事大吉，或把几句应对媒体的套话当成"万金油"。缺乏积极、负责态度的新闻发言人遇到记者、公众质疑时，可能就会无从应对，易出"昏招儿""错招儿"。

基层新闻发言人只有热爱学习，主动参与经验交流，深入公众，探索与运用新的手段处理问题，才能将党和人民政府的方针、政策贯穿到发布会以及形象营销的过程中去。

基层新闻发言人首先要学习的是新闻传播与新闻发布知识，提高自己的媒介素养；其次要学习的是本地区本部门的基本情况，要熟民情、接地气。而且学习是一个持续的过程，必须坚持学、天天学，要有积极主动学习的态度。学习别人好的处置方式，学习别人好的语言技巧，学习别人的舆情分析能力。基层新闻发言人对工作的态度、学习的态度、对媒体和公众的态度，甚至对生活的态度，每一个细节都可能反映出地方党委、政府、企事业组织的胸怀。只有热爱这项事业的人，才能理解其工作的重要性，把媒体和公众的需求装在心里，全身心、满怀激情地投入，推动党委、政府的声音与公众的愿望相融合。

基层新闻发言人不仅要自己积极参加学习，还要带动本地区、本部门主要负责人学习，因为新闻发布是单位授权下的公务活动，单位领导对信息公开的认识和对舆情分析、决策、处置的能力，决定了新闻发布与公众和媒体沟通以及回应社会关切的效果。河南省委、省政府就规定，有关新闻发布素养、新媒体（互联网）运用、政务形象塑造等培训可列为各级党委中心组学习议题和各级党校、行政学院、党政干部集训的必修课。同时，基层新闻发言人还要组织本地区或本部门重点职能科室、对外窗口单位负责人学习，因为他们是本地区或本单位整体形象的一部分，有时个人的不当言行或不良应对办法，同样可能伤了百姓的心，伤了媒体人的心，给本地区、本单位带来负面影响，甚至造成公信力下降。

2. 出色的基层新闻发言人要有较强的危机应对潜质

2014年3月4日，在全国人大十二届二次会议新闻发布会上，美国哥伦比亚广播公司记者问，中国政府提出"和平崛起"这个概念已经有十多年时间了，但是我们看到中国军费在不断地增长，这看起来并不是十分和平的。担任发言人的傅莹回答，中国坚持走和平发展的道路，这些年被证明是成功的，也是正确的，在这一点上我们是坚定不移的。你说到中国的军费和国防力量增长了，中国就是不和平了，这样的声音确实在国际上听到过，但是中国人可能要问，我们的国防力量增强了，我们就是不和平发展？如果我们国家发展强大，我们繁荣昌盛，然后我们有一个很弱的国防力量，我们就和平了？傅莹的敏捷思维和沉稳的应对能力，折服了现场记者。"我们有一个很弱的国防力量，我们就和平了？"这句反问，也被大多数媒体引用为本次发布会的新闻标题。

2015年，河南省举办第一期新闻发言人培训会，设置了一个新闻发布模拟场景。在正常发布过程中，一名担任评委的地方都市类媒体资深记者突然站起来，向主持人扔过去一个本子，大叫："为什么不给我提问机会，看不起我们都市媒体吗？"当时发布台上的人愣住了。好在主持人很快稳住情绪，马上解释，提问机会是均等的，既然你那么性急，就让你"掐个先"吧。新闻发布会顺利进行。事后，大家评议，基层新闻发言人（主持人）的临场发挥和瞬间的判断及应对很关键。

3. 出色的基层新闻发言人必须具备八项基本功

基层新闻发言人有八项基本功，即：演讲、（接受）采访、（新闻）发布、谈判、说服、辩论、（新闻）策划和形象品牌塑造。

信息时代，真理与媒体大小无关，真实与声音高低无关，而应对成功与否和新闻发言人的基本功一定相关。基层新闻发言人面对媒体与公众对信息公开的需求，以及对事实真相的质疑，在与其交流的过程中离不开演讲（讲话）、（接受）采访以及（新闻）发布、谈判、说服、辩论等环节。面对媒体与公众，基层新闻发言人要善于通过演讲、采访、发布、谈判、说服、辩论，抓住事物的核心，说到点子上，让对方信服，自觉地接受所发布的真相、理论、情感和实施计划，达到吸纳、服从、跟随，万众一心的效果。如果新闻发言人只会空洞的"绕口令"，发布"灾难八股文"（即领导重视、第一时间赶赴现场、重要批示或讲话、启动应急机制、现场指挥、全力抢救伤员、搜救工作有序进行、事故原因正在调查中），会让媒体与公众没有信任感，他们会随时准备反驳，向你发问，最后变成一场糟糕的发布会。有时，发布现场通过技术处置，侥幸过关，发布会后的舆情也会更为复杂，甚至带来更大的风波。

基层新闻发言人在接受记者采访时，要通过语言实现沟通、引导的作用，实现舆情为我所利用，舆论为我所导向。新闻发布、谈判、辩论是让信息更透明，有助于地方形象提升，而不是在堆砌"防火墙"。同时，在具体操作上又能够充当"多面手"，做好与媒体、公众的有效沟通，推动地方社会风尚、典型形象对外展示，扩大地方和部门的社会感染力。

4. 出色的基层新闻发言人要有创新精神

基层新闻发言人本身受到发布环境和传播手段的制约，如果不能因地制宜，创造适合本地、本部门的发布形式、手段、渠道，显然不能适应媒体和公众对信息需求的变化，也无法引领社会舆论。常言道，有为才有位，选择基层新闻发言人必须充分考虑他对工作的开创性。基层新闻发言人只有不断创新发布平台，开拓媒体传播方式，努力从多个层面开展具有本地特色的新闻发布工作，才能适应时代的发展，在公众心目中塑造个性行为的魅力，产生示范作用。

案例分析：商丘市宁陵县"掌上法厅"微信公众号

2015 年 4 月 2 日，笔者走访了宁陵县人民法院，了解到这里开设了"掌上法厅"微信公众号，广受当地群众欢迎。据宁陵县人民法院院长王宏伟介绍，该院起初建立微信群是为了方便内部传达上级精神，发布通知、公告，以及加强法官对疑难案件审理的互动交流。后来，根据新闻发言人的提议，他们建立"掌上法厅"微信公众账号，扩大了信息发布作用。本院干警、关注宁陵法院的当事人都可以通过扫描二维码或下载客户端，登陆"掌上法厅"，能够随时查询自己的案件进展和判决信息，既符合依法审理、信息公开的要求，也减少了公众质疑。当事人还可以将自己吃不准的事情放到群上，与群内的法官、律师、法律爱好者互动，坐在家里就可以查询自己需要的信息，甚至确定是否撤诉或上诉，切实减少了公共资源的损耗。宁陵县城关镇刘某，因别人上门骂街而发生斗殴，将对方鼻梁骨打断，构成伤害，被批捕。刘某的家人不服气，认为事因在对方，板子却打在自己身上，司法不公。他们加入"掌上法厅"后，参与讨论，发现舆论基本一边倒，虽然事出有因，但刘某确实触犯了法律，有人列出了其触犯的法律条款，还有人列出了类似案例，微信上的交流互动让刘某家属放弃了上访的念头。目前，宁陵县多个单位主动发挥新媒体优势，扩大基层新闻发言人阵地，推动了信息公开进程。这样的创新做法，值得各地方和部门借鉴。

二、出色的基层新闻发言人应该具备五种能力

BBC 总裁马克·汤普森接受中央电视台记者采访时曾说，观众有上百种选择，如果你不去努力赢得你的观众，那你慢慢就会成为一个不相干的机构，最终将不复存在。所以，要不断地更新你的设备，并且思索，直面挑战，与你的观众建立如同过去一样坚实的关系，找到属于自己的路，才能在这个世界把自己的价值观念更好地传达给观众。

如果一个地方的领导干部、基层新闻发言人总是卧在想象的躺椅上，面对浏览器页面瞬刻万变的信息，没有紧迫感，慢慢腾腾地发布与人们生活相距遥远的信息，这样的声音就有可能长期不被公众关注，起不到实际传播效果。为将发布的功效发挥最大化，基层新闻发言人还应该培养并且具备以下几种能力。

1. 基层新闻发言人要有把握大局的能力

我们在舆情处置中，曾遇到个别基层领导干部面对媒体和公众质疑前任或过去遗留的问题，漠不关心或不愿积极回应，更谈不上有勇气去纠正，结果问题曝光，受到社会舆论谴责，给本地区或部门带来较大的负面影响。还有个别基层领导干部和新闻发言人面对本地被媒体关心的事件，不是积极应对、处置，而是有意将舆情引向有同类问题的其他单位，小格局最终导致一个地方的大形象都受伤。

作为基层党委、政府的新闻发言人，一手连着党的方针路线，一手牵着群众利益，一定要胸怀坦荡，在复杂的舆论环境中保持正确的立场和清醒的头脑，牢记自己是在代表党委和政府发言，发言的内容必须符合党的基本理论、根本原则、基本经验和重大战略思想，符合国家法律法规，正确处理好中央与地方、地方与地方、地方与部门的关系，处理好当前与长

远的关系，处理好不同利益群体的关系。

2. 基层新闻发言人要有坚守诚信的能力

笔者疏理、分析了近几年的突发事件，归纳出基层新闻发言人常常出现"失信"的几种表现：1. 知情不报，对于公众关心的重大突发事件和热点，尤其公众暂时不知情而的确将影响他们生活的信息，有的基层领导隐而不报，新闻发言人失声；2. 不当辟谣，明知存在失误，故意发布与事实不相符的信息；3. 出尔反尔，发布的信息前后不一致，甚至自打耳光；4. 空头支票，有些基层领导明知做不到，盲目虚构承诺；5. 推卸责任，发现舆情，不是从自身找原因，尽快解决问题，而是把责任甩给别人；6. 吹大牛，发布言过其实的信息，被公众认为"吹大牛"。

没有诚信的基层新闻发言人，无法获得公众与媒体的尊重，给政府形象带来的潜在损伤随时有可能浮出水面。基层新闻发言人如果发布太多的假话、虚话、空话、套话，媒体、公众在沟通时感知不到信息的温度，也一定会索然无味，很可能会远离你的发布场，去另外寻找新闻热点。

基层新闻发言人在记者、公众面前的诚信决定了其道德力量。坚守诚信，要时刻清楚地了解自己仅是单位"代言"的定位，既要站在"一把手"的角度看问题，解读问题，通过代言树立"责任政府、服务政府、法治政府"的形象，同时，又不能超越"一把手"，越俎代庖，或者政府替代市场说话，什么事都要大包大揽，出现角色偏差，造成"失信"的错伤。

3. 基层新闻发言人要有团队组织协调能力

北京大学新闻与传播学院程曼丽教授说："新闻发言人不是自然人，是社会组织的代表，他的发言需要得到一系列制度和机制的保障，包括信息收集制度、应急反应机制、对策研究机制等，这些机制和制度的建立是一个系统工程，需要在组织内部进行资源整合和调配。" 一般情况下，新闻发言人并不是一个人在战斗，而是通过协调下属团队、相关部门其至全单位的资源作为支撑。例如，外交部的新闻发言人一般是由新闻司司长或副司长担任，每天都有专职工作人员分头跟踪世界各国热点、探讨媒体近期感兴趣的话题或信息、疏理突发事件因果关系，为发言人的发布工作提供支持。由于基层的特殊性，基层新闻发言人没有相对专业的团队，有时还会临危上阵。这时，基层新闻发言人的组织协调能力就显得很重要，需要在日常工作中就打好基础，多方争取合作媒体、其他分管领导和发布内容相关的具体业务部门的支持。

案例分析：甬温线动车事故新闻发布会失败原因分析

2011 年 7 月 23 日，从北京南站开往福州站的 D301 次动车，运行至永嘉站和温州南站间，与杭州开往福州站的 D3115 次动车发生追尾事故，4 节车厢从高架桥上坠下，造成 40 人死亡，约 200 人受伤。24 日晚，铁道部举行新闻发布会，时任铁道部宣传部长、新闻发言人王勇平面对记者穷追猛问，一句"不管你们信不信，反正我信了"，导致公众把多年对"铁老大"不满的积怨，通过各种媒体劈头盖脸地砸在他的身上。

此例几乎成了所有新闻发言人培训班必讲的案例。

后来，人们不断分析、研究，慢慢还原了这次发布会的前因后果，认为这次新闻发布会失败的原因之一，在于王勇平没有发挥好团队协调作用，想当然地认为自己有多年成功的发布经验，可以凭一己之力孤军奋战，平息舆论。没有人帮助他收集、疏理当时的舆情，没有人告诉他事故的原因，也没有主持人帮他维护秩序。他也不知道官方宣布救援行动结束后，工作人员在拆解车体的时候，又发现一名生还的 2 岁半女孩。发布会上又缺少救援现场的指挥、高铁技术专家的支持配合，也没有协调地方宣传部门的配合，冲动中出现口误，失败就成为必然。

这一案例也告诉大家，无论多么强势的单位，无论多么高级别的新闻发言人，重大突发事件发布会一定要提前与当地宣传部门联系，甚至主动配合、依靠地方开发布会，通过协调形成合力。

4. 基层新闻发言人要有抗压能力

曾担任美国总统里根副发言人的彼得·卢塞尔说，发言人是白宫最忙的人，要面对总统，还要面对媒体，而且会受夹板气，时刻准备着承受风险。

基层新闻发言人除正常例行发布外，还会出现在突发事件发布现场，面对媒体、公众强烈诉求的时候，还要从舆情大局把握好尺度，掌握好表态口径和分寸。有时候，还要忍受不明真相的网民谩骂，或被记者当面"横挑鼻子竖挑眼"，所以必须具有较强的抗压能力。

案例分析："办事，就关注'商丘发布'"

商丘市政府新闻办的官方微博"商丘发布"正式上线以来，老人走失、丢钥匙、小区物业乱收费、某条路上乱倒垃圾……网民都愿意@"商丘发布"。正常讲，商丘发布是政府的声音，发布什么要获取政府领导的授权，这是原则。如果像这些家长里短的事都要市领导授权，还不把领导烦死？搞不好会被责令闭博。不予回应，又会被人认为是"僵尸博"，没法培养与公众的情感。大多时候，公众认为政府新闻办认证的官方微博，就是代表政府，@"商丘发布"就是对政府充满了信任，一时"商丘发布"压力很大。后来，"商丘发布"认真分类：1.重大决策、方针、敏感问题的发布或回应必须请示领导，取得统一口径再作回复；2.一般工作性事务，根据媒体报道过的领导讲话和有关文件，保持统一的口径回应；3.反映党纪国法、生活困难、入学、社会保障、市政、环保等问题的，尽快转到相关单位，按照分类管理的原则公开回应；4.能够通过转发，或在群内解决的，一定及时办理；5.警示或有助人们健康生活的信息，经过核实，主动与公众分享；6.反映不幸或对司法不同认知类信息，一定表达同情、向善的姿态，积极监测舆情，适时引导。

　　"商丘发布"感受到，官方微博是了解舆情的"第一粒纽扣"，不了解舆情、不善于宣讲及与公众沟通早晚会被边缘化的。公众有了问题、委屈、不解@你，并不希冀能解决多少，但烦心事就想让政府知道，想有人听他倾诉或与他对话，"商丘发布"的一声问候、一个姿态就是温暖。甚至，直接告诉他，"商丘发布"不是执法部门，没权查处或承诺什么，他们也能够理解。如有人反映，他们家乡村里道路很差，"商丘发布"告诉他，现在有村村通项目，可通过乡、村申请。可他说，村支书就是个摆设，天天不在家，肚子喝得跟怀胎十个月似的。此话引起多名网友共鸣、评论。"商丘发布"马上解释："真正不作为的村干部可以用选票踢开他，村支部书记就应该知百家冷暖情，带领大家致富奔小康。当然，农村也存在着这样或那样的问题。如村村通，涉及配套资金，县乡财力跟不上，村里收钱，群众也不一定心齐……所以，也会导致'懒政'现象。目前，全省下派'第一支部书记'，相信会给农村带来新的变化，这里也拜托大家支持哟！"网友"二维蓝调"点赞，说政府不回避就是好政府。

当然，遇到力所能及能够处理的舆情，"商丘发布"的态度一定主动、自觉。2015年8月15日，有人反映某小区自来水混浊如油，不能饮用，还有图片。时值周末，2个小时转发并@"商丘发布"近百条，还有省内外知名大V转发，大有蔓延之势。"商丘发布"迅速回复："请明示这个小区具体位置，饮食安全比天大！"后来分析，该博如属实极有可能演变成城市管理不力的舆论危机，即使不实，任其转发，也会影响商丘形象，一定要弄清真相。于是，"商丘发布"马上跟进："'商丘发布'愿与相关单位的人一起去现场看看，有劳知情者带个路。"有人回复，博文、图片是受人之托发布，但提供了当事人联系方式。后来，"商丘发布"马上告知大家与当事人联络的实情，并呼吁当事人准备好相关的材料与证据，星期一转城管局查处。"商丘发布"真诚、自信的表态，让关注的网友都很感动，舆情在一个小时后休止。

"商丘发布"也遇到过蛮横无理的网友，明明已经清清楚楚作了解释，要么他还是一味地抱怨、责怪政府，这不好，那也不好，要么一事不了，又提出一档子事，有些真不是"商丘发布"所能为，其滋味无法言表。还有@"商丘发布"的事件已解决很久，有人不时翻出传播。"商丘发布"曾逗他一句："怎么在烫'剩饭'，小心馊味熏了亲！"他认为回复不如意，难听的话语马上扎过来。有时，"商丘发布"也理直气壮地回复："难道本博非要迎合你，找出政府的不好才满意？"有人担心强硬的回应会给自己添麻烦，好在"商丘发布"平日真诚、坦荡，与公众建立了良好的互动关系，遇到不解或难缠户，总有第三方出面印证"商丘发布"的公信力。

基层新闻发言人在新闻发布或与媒体、公众沟通过程中，经历的挑战越多，积累的工作经验就越丰富。所以，"商丘发布"面对舆论的热点、难点，不是回避或视而不见，而是树立迎难而上的信心，表现出理性与担当，给地方舆论撑起一片亮丽"蓝"。

5. 基层新闻发言人要有守土有责的能力

新闻发布是公务活动，发言人要严于律己，什么应该发布或不该发布，要了若指掌，既要守土有责，树立良好的正面形象，又要杜绝公权私用，为个人发言。

笔者将基层新闻发言人职责发布的内容大致归纳为 5 个部分：1. 涉及地方（或部门）的中心工作、重大决策与举措、有关法规以及重要规章；2. 涉及有关地方（或部门）的政治、经济、文化等发展情况以及重大发现、科技进步、重大经贸和文化活动、重点工程和项目进度等；3. 涉及地方（或部门）民生或其他公众需要了解的社会热点信息（如公共卫生、交通环卫设施、社会安全、案件审理、事故处置等），回应社会对地方政府（部门）的误解、疑惑、传闻；4. 涉及地方（部门）发生的突发事件或能给公众精神、生活等方面带来变化的信息；5. 涉及其他公务活动或公务事项（如领导出访、贵宾来访）等。作为基层新闻发言人，即使有领导授权但不属于职责发布范围内的，新闻发言人也不能乱发言。

同时，基层新闻发言人还要把自己当作公众人物，始终保持对职业道德的敬畏感，注意生活、工作中的每一个细节，无论是在镜头内，还是在镜头外，无论是道德与思想、行为与言语，都要时刻警醒自己，身后有无数双眼睛在有意或无意盯视，一定要做政治上的"明白人"，形象上的"清爽人"。2017年1月，石家庄市文化广电新闻出版局副局长左某在网上实名认证的微博发表不当言论，严重违反政治纪律，被免去职务，给予行政记大过处分，并责令作出深刻检查。

三、地方党委、政府要全方位关心基层新闻发言人的成长

2016年2月17日，中共中央办公厅、国务院办公厅在《关于全面推进政务公开工作的意见》中要求各级政府主要负责人遇重大突发事件要当好"第一新闻发言人"。近年来，基层新闻发言人制度的完善，不仅有效地推动了信息公开常态化，关键时刻能够及时向记者和公众阐释清楚地方党委、政府的真实意图和事实真相，让大家能感知政府在想什么、在干什么、将要干成什么样，以及与公众利益有什么关系，而且让公众对基层新闻发言人的业务和职能有了全新的认识，对新闻发布的关注度也越来越高。

基层新闻发言人是新时期党群关系的纽带。基层新闻发言人不仅要人尽其才选配好，还要用心培养好。各级领导在欣赏基层新闻发言人风采的同时，也要容纳他们犀利的个性或无关大雅的失误，用关爱之心来培养新闻发言人，用真挚的感情留住优秀的新闻发言人，用优越的条件激励新闻发言人，为出色的基层新闻发言人脱颖而出创造必要的条件。

2016年3月，河南省委、省政府出台文件要求，省政府、省辖市政府、省直管县（市）政府、与宏观经济和民生关系密切以及社会关注事项较多的省直职能部门，在3年内逐步设立专职新闻发言人，其任职要保持相对

稳定。据统计，商丘市属新闻发言人，5 年左右被轮换一次的占 63.6%，发挥作用最好的时期在任职后的 2—5 年。所以，地方党委、政府也要充分考虑基层新闻发言人的职业发展规划。

案例分析：商丘市基层新闻发言人考评制度

商丘市曾下发相关文件规定，把信息发布和政策解读工作纳入各级党政领导班子和领导干部工作实绩考核内容。各级党委宣传部门、政府新闻办公室要建立信息发布和政策解读考核机制，针对每年参加各级政府新闻办公室新闻发布会次数和效果、各地各部门例行新闻发布会次数和效果、重大突发事件信息发布，以及培训等相关制度建设、机构设置、人员配备、经费保障等进行专项考核。考核结果送组织部门作为党政领导班子和领导干部综合能力考核评价的重要依据。各级党委、政府要有效地管理好、使用好新闻发言人，发挥好新闻发言人作用。对于社会关切不回应、重要信息不发布、引导舆论不得力的，各单位应征询市委宣传部、市政府新闻办公室意见，及时撤换新闻发言人，或公开通报批评；对于弄虚作假、隐瞒实情、欺骗公众，造成严重社会影响的，依纪依法追究相关单位和人员责任。2016 年 8 月 8 日，因某地处置舆情不力、回应媒体关切不及时，商丘市委、市政府公开发文责成其检讨，追究当事人责任。

商丘市还要求各县区各部门鼓励新闻发言人参与本地区本部门各项重大决策，以保证新闻发布有的放矢，扎实有效。相关文件还明确了商丘市委外宣办（政府新闻办公室）对新闻发言人的业务开展情况和业务能力提升进行考评的职责。用制度规定基层新闻发言人职责范围，努力建立基层新闻发言人的科学选拔和任用机制，充分调动基层新闻发言人的积极性，以制度强化信息公开，保障基层新闻发言人依法实施发布的权利，鼓励他们勇于开创新闻发布的新局面，营造良好社会治理体系建设的舆论氛围，成为地方党委、政府信息传播的生力军。

　　一方面，从制度上约束基层新闻发言人，另一方面，也要从个人成长上保护他们。2012年3月14日，有网友截图举报，商丘市房屋征收办公室官方微博上发布了大量的人体艺术裸照，引起公众强烈质疑，政府形象很受伤。商丘市网办与新浪河南共同调查后，发现是被盗号的结果，我们立即对外发布事实真相，并敦促该单位进一步加强微博管理。同时，我们也建议，批评、处分该博管理员是必需的，但也要充分肯定该微博服务群众、强化信息公开的初衷是好的，对社会的积极作用也有目共睹，对失误者不能一棍子打死，"一开了之"，要形成容错与追责并举的机制。

第三章　基层新闻发言人如何面对当下的舆论环境

2013年8月19日，习近平总书记在全国宣传思想工作会上强调"互联网已经成为舆论斗争的主战场"。过去，报纸按"天"传播信息，广播、电视按"小时"传播信息，随着互联网的广泛运用，自媒体的即时推送功能颠覆了传统传播模式，人与人、个人对多人的瞬间网状传播，加速了信息和意见的聚集、裂变。这说明，我们基层新闻发言人要深刻地意识到当前舆论环境的复杂性，只有吃透"行情"，才能在多变的形势下更好地发挥作用。

一、基层新闻发言人必须认识新媒体时代的网络舆论

案例分析：徐纯合被击毙事件中的网络舆论

2015年5月2日，农民徐纯合在黑龙江省庆安县火车站因不良情绪故意堵塞入站口，经保安劝说无效，又与民警李乐斌发生争执。徐纯合抛扔自己孩子，抢夺警棍殴打民警，在口头警告无效的情况下，被李乐斌当场击毙。但网络上却流传着"徐纯合是长期上访户，在火车站被阻拦""为什么警方不公布完整的视频""第一时间看望受伤民警的副县长学历造假、妻子吃空饷"等等舆论。

起初，地方政府对这些来自网络的舆论重视不够，没有及时合理地回应、引导，导致舆情热点被蔓延，一些没有进行深度调查的传统媒体耐不住"寂寞"，登高呼应，一时给地方和铁路警察部门带来极大的困扰。随后，公安部、铁路总公司责成开展调查。在检方介入，专家、媒体、徐纯合的家人参与下，先后查看了火车站监控视频，奔赴哈尔滨、沈阳等地走访当时在场的多名旅客，取得一致结论：民警李乐斌开枪是正当履行职务行为，符合人民警察使用警械和武器条例及公安部规定，由此逐渐平息了舆论。从这个案例可以看到，这些来自网络的舆论，并不是专业记者的现场采访，而是普通群众的自媒体作品，新媒体将这些声音放大。新媒体与传统媒体互相借力，相互交织、影响，加大了舆论的影响力。

当今，"一言不合，网上见"，舆情变得时时可以"暴走"，"友谊的小船说翻就翻"。信息传播的途径在发生变化，信息的传播者在发生变化，受众获悉信息的方式在发生变化，媒体传播的内容也在发生变化，基层新闻发言人不能把"习惯"作为与公民深度交流的"墙"，必须要以全新的眼光、姿态，去接受、认识新时代的媒体，把握和运用好网络舆论，在变化中引导方向，在多样中谋求共识，在多元中形成主导，使传统的舆情把控和新闻发布方式与新兴传播形式相融合，与公众阅读习惯、思维习惯相融合，做好不同群体的针对性设计，掌握比传统媒体时代更生动的话语技能，满足公众与媒体个性化、情景化的信息需求，把"主旋律"变成"家常菜"，推动信息分享与传播一致化，"放大"新闻发布和政策解读的实际效果。

二、基层新闻发言人要在复杂的舆论环境中把握自己的立场

随着市场经济的推进，社交媒体的普及，公众表达意愿能力的提高，基层新闻发言人必须处置好与媒体、公众的关系，坚持正能量，发挥信息主渠道传播的作用。

1. 坚持原则，不能甘愿"被潜"

在遇到突发事件或负面报道后，不要像一个受气的小媳妇，抱怨媒体对地方政府、基层新闻发言人不公平、不合理，也不要面对自身不合理的缺失，就接受不合理的"潜规则"，而是要坚持合理的处置方法，查清事实真相，及时回应社会关切。

商丘某中学曾有学生患忧郁症，在高考前跳楼自尽。本来，公安机关已出具了侦查结论。可是，还有记者闻风而动。学校个别主要领导害怕报道后影响下届招生，情愿花钱"被潜"。笔者给他分析，首先，这是学生个体事件，其本人应负主要责任，不妨多说事实；其次，学校当前的重要任务是对逝者给予充分尊重，尽力安抚家长，稳定校内考生情绪，不能因怕就甘愿"被潜"。学校采纳了笔者的意见，凡来记者，均出示情况说明、学生的证言、公安机关的证明、学生家长的谅解书。后来，该校长总结，以前有点事，也不敢论是非曲直，就用"潜规则"，记者却蜂拥而来。这次没有甘愿"被潜"，反而记者来得少了。有个别记者在网上发布不负责任的稿子，并打电话给学校负责同志，要求去郑州解释，以便后续报道，还发短信给商丘市纪委书记要求严查。后来，我们强调，若不撤稿，我们将召开新闻发布会，或将采取法律措施追究责任。最后，此稿在该网站的某频道的负责人道歉声中撤下。

有时，接受"潜规则"或许能够换来一时一事的平静，但极可能会由

此陷入无休止的"被潜"的循环。"潜规则"能够让"失良"的媒体人"闻讯不见其稿",而错失自己检讨失误的良机,一旦造成另外当事方的强烈反弹,可能会带来更大的舆论危机。我们面对心术不正的记者,委曲求全,战战兢兢,有可能失去真相;勇敢地说"不",天塌不下来。

2. 有了问题,要勇于承担责任

李克强总理在全国人大十二届二次会议上作政府工作报告时说,"对存在的问题,政府要从自身找原因。"2015 年 6 月 3 日,时任商丘市委书记魏小东在宣传系统调研时强调,宣传工作对外讲好"商丘故事",也要发挥舆论监督作用,对损害人民利益的事敢于揭短亮丑,帮助政府改进工作。他还强调,会从网络、媒体"吐槽"中分析基层单位的问题所在,了解一个县区或市里某个单位的管理水平。

基层新闻发言人要主动将自己置于阳光下,接受媒体监管、舆论监督,有错则改,无错加勉。监督不可怕,可怕的是面对错误不敢承认、不能自我纠正,置自己于媒体、公众的对立面。2009 年 6 月 17 日,郑州市规划局原副局长逯军曾面对记者质疑某经济适用房项目变成了别墅时反问,"你准备为党说话,还是为老百姓说话?"引起社会强烈反响。这位局长似乎要维护地方党和政府的形象,话语中却把党和人民的一致性弄拧了。这句话也暴露了该局长心中真正重视的,只能说是局部利益、小圈子利益。

有时,认错、道歉也是一种高尚的姿态。2016 年 4 月初,网友反映睢县存在某些乡镇电工利用农民急于抗旱浇麦心理,搭车乱收费。"商丘发布"转发电管部门,睢县供电公司 2 小时后回复,确认有此事,公开向社会道歉,发布惩处意见,承诺"为民服务的小船是不能翻的"。舆情马上平息,网友为此回复点赞。

案例分析：一次"随手拍"带来的舆论危机

2016年，商丘市梁园区公用事业局在大气污染防治工作中，为减少黄土裸露，对破损严重的哈森路（民主路至八一路段）人行道实施硬化。由于时间紧，公用事业局下属的工程管理处人力不足，招用的社会施工队没有按照要求施工，监管不到位，致使部分人行道树池被一体硬化，造成"水泥封树"现象。路人用手机拍了一组照片发到网上后，一些都市类媒体随即介入，引发社会强烈关注，有人称地方政府领导瞎折腾，脑子里"灌水泥"。事发当天便引起梁园区委、区政府的高度重视，立即责成施工单位组织人力将封树水泥地坪全部切割清运，并重新修建树池，对树池裸露黄土部分加撒石子，为人行道树木彻底"解套松绑"，恢复原有生态，并向公众就此事积极作出回应。但网上"是否浪费纳税人的钱""施工是否有科学规划"等质疑声迟迟不能平息。于是，8月9日梁园区委宣传部又对外发布，针对网上曝光的"水泥封树"现象，区委、区政府已责令区公用事业局整改，截至8月8日整改完毕，并由施工方承担所造成的损失。同时，梁园区纪委常委会研究决定，对负有直接责任的区市政工程管理处副主任赵洪海给予党内严重警告处分，并撤销其副主任职务；对负有主要领导责任的区市政工程管理处主任高炳涛给予党内严重警告处分；对负有重要领导责任的区公用事业局副局长陈东海给予党内警告处分；对区公用事业局局长王笑宇进行诫勉谈话，责成其向区委、区政府写出深刻检查。

当前，民众对政府的公职人员、社会公众人物有着更高的职业道德要求。涉及"官"背景的舆情，往往会引起群情激奋，将矛头指向政府、体制，而忽略了事件本身，忘记了对政府和体制以外的因素进行分析。此时，面对舆情处理不力或失当，就会不知不觉中迎来"狂风暴雨"。

现实中一些人在所谓的"民间舆论场"有较大的话语权，他们往往扣住公众关注的话题，一旦发现问题，马上发微博、推"朋友圈"，以尖锐的言辞，放大负面影响，捕获公众的眼球，甚至利用基层领导息事宁人的心态实现其不可告人的目的。"总有一种力量让我们泪流满面"，"即使新闻死了，也会圣徒无数"，21世纪传媒股份有限公司原总裁沈颢的这两句话曾感动了多少为新闻理想而追逐的媒体人，然而，他却因"涉嫌敲诈勒索、强迫交易"等罪名于2015年12月24日被上海市浦东新区人民法院判处有期徒刑4年，辉煌的新闻生涯被不当的商业利益绊倒。这种对经济利益或"新闻效应"的片面追求，也给舆论环境带来了较大的负面影响。例如：江苏电视台《非诚勿扰》节目中有位女嘉宾坦言，"宁坐宝马里哭，也不坐自行车上笑。"这句话深深刺痛了人们的耳膜，但该嘉宾一夜间被人记住成了"明星"。这种越反常越能带来高收视（点击）率的现象，是一些公众"亚健康"心理的写照，相应媒体对这种现象的高转载率，同样是"病态"运行理念的折射。西安"药家鑫事件"后，很多媒体反思，当时是否炒过头了？最近，一批"维权"律师被捕、判刑的报道，也让人们进一步认清"职业推手""访民"相互勾连，利用舆论掩盖其不可告人企图的真相。

面对这样的新情况、新问题，基层新闻发言人要善于通过引导、阐释，促进社会服务作用，加强舆情风险防控与行为意识管理，不仅要预防不实舆论对本地区本部门的中伤，还要引导公众多些辩证思考，不能被情绪迷惑，对没经核实的信息盲目转传。

近年来，我国新闻战线坚持"三项教育"，推行职业考核，加强媒体、网络管理与整治，打击一批舆论界"失良"人，关闭一批非法网站、违规公众号，充分说明政府有信心、有能力惩治舆论生态中的不良现象。

3. 面对复杂的舆论环境，要敢于说真话

面对复杂的社会环境，记者的采访也难免受到客观条件、个人情感左右，基层新闻发言人凡事要分析原因与后果，既不能把记者当作"圣徒"，又不能当作"洪水猛兽"，一般情况下，对记者的采访成果要予以肯定，但对于谣言或以偏概全的监督，要坚决澄清或驳斥，沉默或滞后的回应将可能助长社会裂痕的撕扯。对基层新闻发言而言，永不能变的是真相，唯一能变的是应对方式。

案例分析："商丘发布"与乞讨老人事件

2015 年 6 月 9 日，某省级媒体记者报道，在郑州金水区纬五路第一小学门口见到一位乞讨老人，其身份证显示：耿生茂，1912 年 12 月 30 日出生，住址商丘民权县人和镇。现在其家中没有亲人，希望相关部门尽早解决这位老人的晚年生活问题。

当天，各大网站首页纷纷转载，"百岁老人、乞讨、地方政府不作为"成了舆情的标签，网民骂声一片。"商丘发布"经过了解，掌握实情后，建议尽快公布真相。当时有人认为稿件由省报首发，我们会不会犯上？可市领导认为，舆情面前，真相为大。"商丘发布"获得授权，并与省民政厅等部门取得统一口径后，

10日7时左右对外发布："据了解该老人有三儿两女，每月享有360元老人补贴，家住楼房，生活应该没问题。省民政厅安排救助站已于今晨4点找到老人。目前，老人的家人、乡镇领导已赶到郑州。谢谢社会各界的关注！"当天上午，网络转发"商丘发布"的信息近万条，舆情发生逆转。

其间，河南知名媒体人盛大林呼吁，要求晒晒老人的子女，马上有数百人跟帖。盛大林的微博有22万粉丝，稍稍含糊或有可能给老人家人带来不可估量的次生伤害。"商丘发布"见此情景即刻评论："盛老师，您好，老人健康就是福，家家都有一本难念的经。与他在一起生活的儿子、儿媳长期有病，可怜天下父母心，儿女情！请借助您的影响力呼吁大家不再谩骂，为天下所有老人祈愿吧。相信他们家人现在的压力很大，会下决心改变，终究他们还要生活在一起。"盛大林回复："果真如此，深表同情。"盛大林很快转向，积极帮助引导网友理性发声。有网友质疑，每月360元钱够吃顿饭吗？这位网友对城市与农村的生活肯定有认知上的盲点，但其语也具有煽动性。"商丘发布"迅速告诉他，"不知您是否在我们这儿生活过，农村粮、菜、柴等基本自足，还有医保，政府每月补贴360元应该可以维持正常生活，但你若与十里洋场相比，定有差距。"但还有人纠缠，说政府糊弄网友，"商丘发布"怎么解释都不信。于是，"商丘发布"回复："邀您一块去看看，当个第三方可否？难道非让本博昧良心讲瞎话，这不好，那不好，你才满意？"网友GZ260250说："'商丘发布'让喷子情以何堪？刚抓住一个机会骂政府，你们出来辟谣，真相如此，喷子手不好当了。"

整个过程，"商丘发布"充分认识到自己所处的复杂舆论环境，不以"位"低自卑，也不以"官家"身份自大，认真分析各个媒体的特点，以及网民真正关注的焦点，坚持真相，有的放矢，提高"话疗"水平，既不以势（理）打压媒体，又不躲闪回避矛盾或攻击，敢说真话，柔情解释，科学引导舆情，争取大多数网友理解、信任、支持，促使片面的报道得以自纠，又对恶意中伤的网友及时澄清事实、驳斥谬误。

第四章 基层新闻发言人如何发挥好主动作用

基层新闻发言人"一切为了群众、一切依靠群众、一切服务群众",怀着"为你所急、为你所需、为你所用"的情意,发布对公众贴心、合意的信息,就是要培植媒体与公众对政府的信任,强化基层党委、政府的凝聚力。

一、基层新闻发言人要积极推动地方政务信息公开

2016年1月12日,习近平总书记在中国共产党第十八届中央纪律检查委员会第六次全体会议上发表重要讲话,他强调,"民心是最大的政治,正义是最强的力量。"所以,涉及民生的重大决策,地方政府、部门一定要及时发布信息,并同步做好专家解读,甚至要介绍现场调查的公众看法,避免媒体、公众一知半解或误读,形成"闹剧"。2016年2月,中央出台《关于进一步加强城市规划建设管理工作的若干意见》,里面很多好的政策大家没记住,但"拆围墙"三个字经媒体传播后,迅速成为公众担忧的热门话题。虽然经法学专家、住建部领导解释,人们停止了质疑,但其影响犹存。实践证明,信息公开、政策解读不是给地方、基层组织添麻烦,而是从公民参与的角度,促进建立公平、公正、透明、高效的政府,有助于地方形象的塑造与维护。

当下,以互联网为代表的新技术正在深度改写人们的生活和精神面貌,与公众的期望相比,政府信息公开的程度依然不够。一些地方和部门在需

要他人公布信息时，均能表示理解、支持，但如果涉及自己的"一亩三分地"，特别是如果暗含不可明言的利益，又变得扭扭捏捏，信息公开在自己面前变成了"望山跑死马"，虽然看得见，距离还是有点远。

2015 年 3 月，国务院办公厅发布《关于开展第一次全国政府网站普查的通知》，截至当年 7 月，有 6373 个政府网站申请"关停并转"。这些网站大多存在信息更新不及时、发布内容不准确、公众反映情况不回应、服务功能当样子等问题，不仅违背了设置政府网站的目的，还严重影响了政府的公信力。商丘市委副书记苏长青曾就某地因舆情处置不力、回应社会关切不及时约谈其负责人说："当今，不适应信息时代的要求，过不了网络问政关，就不是称职的领导干部。"

案例分析：商丘市全面推进信息公开

近两年，商丘市政府新闻办公室围绕全市中心工作、重大经贸文化活动、社会稳定、食品医药安全、城市管理等议题指导或督促相关部门多次举办新闻发布会。实话说，刚开始时，也遇到不少"软钉子"，有些职能部门认为这是六个手指头搔痒——多一道，觉得自己把事做好就行了，没必要再唱高调，认识不到公众对信息公开的要求。

为改变这种状况，商丘市委把"信息公开"列为中心组学习议题，邀请全国知名新闻发言人、社会贤达上讲台，原市委书记魏小东等领导带头当学生，全面提高领导干部新闻发布意识，强化领导干部与媒体打交道的能力。也正是领导的支持，政府新闻办公室带头开拓信息发布渠道，完善了全媒体发布机制、目标考核机制，将信息发布、回应社会关切列入人大对政府部门评议的重要事项，把各单位围绕全市中心工作举行的新闻发布会次数、成效，舆情处置，官方微博、官方微信运行等事项列为对外宣传工作的目标管理，并要求大家对各县区、市直各单位发布的信息互推、互转、互评，增加信息流动量，增强与公众、媒体的黏合性，全面强化基层新闻发言人的存在感。这一系列措施行动赢得了绝大多数单位的理解与支持。2015年，商丘市直单位和各县（区）新闻发言人参加"商丘发布""纠风在线""行风热线""新闻直通车"等形式的发布会380多场次，通过微博、微信、媒体连线发布、回应公众关切的信息2689条。这一年，商丘市还投资新建了新闻发布厅。

在商丘，每天早晨7时左右乘坐出租车，会发现很多司机都把收音机锁定在交通频道，倾听"行风热线"，信息公开、回应社会关切成为商丘市实施社会治理的必要手段。

过去，由于城市管理不力，有些商户乱搭乱建，挤占了大量的公共道路和生活空间，污水、垃圾随地倾倒，内河不是堵塞就是臭气熏天，严重影响了交通秩序、环境卫生、公共安全和群众生活。新一届市委、政府领导班子上任后，经过反复征求民意和现场调查，决定强行拆除这些违章建筑。行动伊始，也曾出现某中央媒体的公开批评。商丘市委、市政府不遮不掩，以政务信息公开为支撑，将城市规划、建设标准、执法程序、拆迁进展，主动通过媒体发布，让大家能够清晰地看到，拆的是非法建筑，树立的是社会公益意识，而且无论是谁，违章就拆，只有一个标准。信息公开让媒体和公众分清是非，阻力慢慢地减少，执法队伍所到之处均受到附近居民拍手称赞，有些人还主动自拆。

网民在大河论坛里评价：商丘的变化看在眼里，乐在心里，努力在行动里！

二、基层新闻发言人要积极主动回应社会关切

及时回应公众与媒体的关切，是现代基层领导干部"为人民服务"的具体实践，也是尊重媒体、公众合法权益的体现。基层新闻发言人所面对的不仅仅是记者，还有其所代表媒体背后的广大受众，所以要本着对政府负责、公众负责的精神，遇到问题，不能得过且过，模糊是非，兜圈子，或是粗暴地删帖，以"恶"治"恶"，而要努力应对、化解来自各个方面的挑战。

案例分析：三门峡市处理媒体不实报道实例

2013年9月2日，一篇新闻《村支书性侵村民留守妻子，村里一半都是我的娃》上了各大网站头条。一时，各式各样的压力扑向河南省三门峡市。据悉，当时三门峡市委、市政府主要领导接到的质询电话就超过百数。三门峡市委、市政府马上召集舆情分析会，商讨处置意见。三门峡公安局多次致电该稿首发媒体《南风窗》询问相关情况，但记者拒绝提供具体线索。4日，河南省委主要领导作出批示。同日，省委宣传部副部长朱夏炎率队赴三门峡协助调查，并通过媒体公开向《南风窗》发问真相，公开了该市近10年来因此类问题被纪检监察系统、检察系统、公安系统查处的所有村干部的信息，并没有文章所提到的疑似干部。5日，省

属媒体对《南风窗》的回避、躲闪表示质疑。6日，《南风窗》执行副主编前往三门峡沟通，承认"该文采访不够深入，把关不严，把私底下吹牛的话写入了文章"。7日，三门峡新闻发言人发布《南风窗》致歉信。9月9日，《人民日报》发表文章，严厉批评了这种"新闻想象学"。河南省委宣传部副部长朱夏炎总结，遇到突发事件，地方党委、政府要保持清醒头脑，要敢于回应、及时回应、善于回应，甚至反驳、质疑、移交司法部门处置。

案例分析：对网络诬陷帖子的处理

2012年春天，有人以"葡萄你丫是酸的"的网名在网上发帖说某县"一喷三防"招标项目涉嫌造假，有人花钱中标。当时，跟帖人很多，都是谴责地方政府的声音，还有媒体记者打电话，要求跟踪采访，百口难辩的农业局长一气之下卧床不起。因事关国家惠农政策的落实和地方政府形象，有关领导安排笔者参与调查组协助处置。经过调查，发现事实与网帖的内容严重不符。首先，发帖子的企业在投标过程中所用资质存在伪造公文嫌疑，公示期间被人举报，经监督单位和招标单位多次审议，对方在答疑会上拿不出可靠的辩解证据，被取消中标资格，这是合理的。其次，发帖的企业在多次交涉中认识不到自己的过错，执意散布虚假信息中伤地方政府与相关人员。

主管部门经研究决定，1. 选择一家有影响的媒体进行第三方调查，发布真相；2. 公开河南省土肥站对该企业资质问题的回复，说明造假真相；3.对帖子中的诬陷行为，通过法律途径追究相关单位、个人的责任。几天后，《河南法制报》据实报道，省土肥站对该企业伪造资质的行径公开谴责，并决定依照相关条例对该公司作出处罚。网民们反过来嘲讽该公司真是"葡萄你丫是酸的"，并呼吁建立企业诚信制度，抵制该公司产品。迫于舆论压力，该公司公开回复，发帖与私刻公章的都是个人行为，该员工已被开除，并对网帖中的不当言论表示道歉。

在调查组刚刚介入调查时，有人认为对方只要把帖子删掉就算了，不愿回应或追究。调查组的同志均不同意，说删掉了帖子，能删掉在人们心目中留下的阴影吗？如果没有强大的震撼让当事人对事实和法律产生畏惧，只会助长这种邪气，所以我们要作出强力的回应，对该企业不法行为予以坚决打击，净化舆论场。

三、基层新闻发言人要围绕地方中心工作积极传播正能量

基层新闻发言人要站在地方或部门的大局看问题，不能当纯粹的"消防队员"，有"炎"才发，人为地制约自己的工作拓展，平时也应当围绕地方中心工作主动去推介、传播正能量信息，培植有利于政府决策、实施的热点，营造干事创业氛围。

案例分析：商丘建设中原经济区承接产业转移示范市新闻发布会

2012年8月，商丘市获省政府"建设中原经济区承接产业转

移示范市"的批复，上下振奋，认为这将给商丘的发展带来新机遇。为吸引更多的产业龙头关注商丘、落户商丘，政府新闻办建议市领导走出商丘发布信息，扩大社会效果，助推承接产业转移。

首先与省政府新闻办公室汇报想法和打算，确定在省政府新闻发布厅举行"商丘建设中原经济区承接产业转移示范市新闻发布会"，敲定新闻发布时间、主题、发布单位、发布会主持人、发布人和发布内容。为了吸引媒体与公众的关注，我们在发布词中提炼了几个新颖的亮点与关键词。其次，与省政府新闻办的同志共同邀请相关的领导和媒体记者参加新闻发布会，并与重点媒体会前做好沟通，确保有好的版面、好的稿件推出，还与相关单位协作，推动网络直播，编辑适于微博、微信、客户端传递的内容。

发布会由省政府新闻办副主任李文良（时任）主持；省工信厅厅长杨盛道（时任）介绍商丘近几年承接产业转移的成效；省发改委主任张维宁（时任）介绍商丘市获省政府关于"建设中原经济区承接产业转移示范市"批复的意义；商丘市市长余学友（时任）公开承诺进一步优化招商引资环境，努力"东张西望"（"东张"，就是向东融入长三角经济圈，打造承接产业转移的桥头堡；"西望"，就是向西要眺望郑、汴，融入中原经济区的核心增长极）。发布会现场记者的提问，均在事先准备的内容范围内。

为有利于发稿，将所有文字材料（包括商丘市情介绍和几个外商对商丘投资环境的看法，以及他们的联系方式）放在公共邮箱里，供感兴趣的记者采用或延伸采访。

新闻发布会后，对个别网友不理解的问题，及时通过微博、微信等方式沟通或回应。另外，将收集的各类媒体报道和舆情反映，装订成册，分别呈送主管领导和市长、书记。该新闻发布会在全省舆论界引起广为关注，成为地方一个时期的宣传热点。

此后，只要政府新闻办建议，市主要领导均乐意参加发布会。

德国著名诗人歌德说，"你若要喜爱你自己的价值，你就得给世界创造价值。"这句话对基层新闻发言人也十分适用，要想使信息发布工作在领导的整盘棋中有位置，在社会上有影响力，一定要在日常工作中能够"拉"得出来，"走"得出去。信息发布内容上，从"等米下锅"向"找米下锅"转变；信息发布统筹上，由"坐等发布"向"主动设置议题发布"转变；信息发布态度上，从"被动完成上级安排的宣传任务"向"主动服务中心工作"方面转变，自觉开展对外信息传播。2016 年 11 月 22 日，"商丘发布"编辑在下班路上，发现交警马强的帽子结了厚厚的冰琉璃，随手拍了一张照片，通过微信、微博首发网络上，引发媒体和公众强烈关注，仅两日，人民日报、央视新闻等 15000 家转载，阅读量超过 2 亿。商丘市委书记王战营批示："很好，新媒体为我们传播了正能量。"12 月 29 日，交警马强获省委宣传部、省文明办颁发的河南省 2016 "我为正能量代言"贡献奖。目前，商丘市主要领导均成为"商丘发布"的粉丝，时常关注"商丘发布"。基层新闻发言人只有充分发挥发布工作的"张力"，才能对外树形象，对内鼓干劲，提升地方整体精神状态。

四、基层新闻发言人要当好地方形象品牌塑造的策划师

我们常说，金碑、银碑，不如群众的口碑。

其实，群众的口碑，相当一部分来自政府的信息和形象塑造，基层新闻

发言人的每次发布，实际上都是一个地方、一个部门的形象在接受公众与媒体检阅。因此，基层新闻发言人还要围绕地方形象品牌的塑造，当好策划师。

地方党委和政府的形象是抽象的，有时与公众有点远。而每位党员干部、公职人员在老百姓眼中就是党和政府的一个缩影，他们的一言一行是暖了群众还是冷了民心，都与党的执政基础息息相关。基层新闻发言人要借助他们的形象和事迹塑造政府形象，通过寻找能让公众信服的典型，精心策划、不断主动发布，提升社会风尚，形成道德高地，实现与公众目标一致的价值关系。

地方形象品牌塑造能力是基层新闻发言人的综合素质体现，是发言人发挥正能量传播作用的抓手，也是增强地方党委、政府公信力的利器。我们基层新闻发言人要能在大片的湖水中，发现"活鱼"，捕得"鲜鱼"。有时，一个闪光的金子，就藏在一个普通的事件中，只要多一声询问，或多一眼扫描，放在舆情分析筐里，就会发现关联的积极意义。

案例分析：一则地方和基层干部形象推介实例

一次，笔者去医院看望病人，发现院子里、走廊里，有很多群众在抹泪，还有人双手合拢，悄悄在祈祷。好奇地问一声，才知道商丘市梁园区张阁镇人大常委会主任张素芳突发疾病，这些群众分别来自她曾经工作过的地方。有人饿了，啃口干馍也不愿远离，就是为了等候她苏醒的消息。一个基层干部靠什么样的魅力让这么多百姓为之牵挂、祈祷？新闻的敏感性使笔者马上意识到，这正是基层党员干部的形象代表，应该向社会发布、推介。于是，笔者打电话给时任梁园区委书记马富国了解情况，他说，"张素芳是我们重点培养的对象，组织部门正在拿意见准备重用她，却出了这事……"

　　"有没有胳膊，朝袖子里摸一把。"笔者决定到她曾工作过的地方进一步深入采访。所到之处，群众围着随便讲，故事就是"一箩筐"。

　　"大姐，你不能走啊……"8月25日，数以万计的干部群众涌向张素芳的灵堂，向这位38岁的好干部作最后告别。"张素芳是累死在工作岗位上的。"张素芳生前的同事说。

　　张素芳病逝后，新华社播发笔者与新华社记者桂娟撰写的长篇通讯：《张素芳：把"硬"政策做出感情》。此稿先后被《新华每日电讯》《河南日报》等多家报刊转载，为地方和基层干部的形象塑造发挥了积极作用。一位乡党委书记曾拉住笔者的手说，一度手机短信、网络小说、新闻曝光的事件里把我们基层干部描述得不像样，形象很受伤，你的这篇稿子能为我们正名！

　　基层新闻发言人对地方和基层干部形象的策划、推介，要以适应群众接受为标准，没做的、没做到位的，千万别夸大其词或张冠李戴，要尊重媒体的运行规律，充分考虑它的政治属性、时间属性和公众属性，在日常生活中挖掘人性的光辉，丰富和感染公众的情感，发布"人人心中所有，人人笔下所无"的好信息。

案例分析："商丘好人"与地方形象塑造

　　近几年，在商丘市委、市政府的倡导下，市委宣传部、文明办、市政府新闻办公室充分整合媒体资源，找准社会主义核心价值观与公众情感的结合点，强力发布、推广一个个群众爱听爱看能学的凡人善举故事，培植了一个庞大的"商丘好人"群体，成为全省文明建设战线上一道亮丽的风景线。如不顾个人生命安危，坚持多年的商丘水上义务救援队；为救治患白血病的妈妈，毅然捐出自己骨髓的 15 岁商丘女孩李丹；年年为敬老院孤寡老人捐钱捐物，为家乡修路、建校捐款数百万元，支付素不相识患病大学生的全部医疗费的商丘农民企业家牛文武；因为一条陌生人的求药短信，四处寻药，送药到徐州的商丘市民姜德强；抚养百名孤儿的全国劳模王泽林……

商丘先后有数百名同志进入中国好人候选榜。商丘市还先后评选表彰了 500 多名文明市民、100 多名道德模范，建立了 12600 多名"商丘好人"的信息库。"商丘发布"上线一年，就推（转）好人好事信息 200 多条。商丘市还在全市采取道德讲堂、道德模范报告会等形式，广泛宣传道德模范和身边好人的先进事迹。市里每次举办重大活动都邀请道德模范参加，重要节日都组织慰问道德模范，在全社会形成争做好人、好人好报的价值导向。商丘还于 2017 年 3 月 23 日举办了"商丘好人节"，好人成了商丘形象品牌。

时任中宣部副部长、全国文明办主任王世明曾在《"商丘好人"推选、宣传、帮扶长效机制的方案》上批示，要求认真总结推广商丘经验。2013 年 12 月 9 日，河南省委常委、宣传部部长赵素萍出席在商丘举行的全省第五届道德论坛，并宣布启动"文明河南"活动。省委宣传部副部长王庆在商丘调研时说，"商丘好人"现象就是一个深化改革的好案例，这不仅是商丘的品牌，也是河南的品牌，希望"商丘好人"这个品牌在原来的基础上，继续做大做强，为河南文明建设趟出一条路来。

五、基层新闻发言人要能够充分挖掘潜能，使发布内容"N"次再传播

过去，我们新闻发布会开完，新闻发言人的任务就结束了，只要没负面报道，一般情况下，很少有人再去分析发布的效果。现在，媒体传播的渠道多样化，也激发了受众群体的细分，基层新闻发言人只有充分考虑到不同的受众群体，分别采取他们最喜欢接受的发布渠道、语言方式，做到精准定位，才能优化发布效果。

在公众眼里，一个媒体的兴盛不在于它出现的早晚，或采取什么形式，关键在于它终端的接受与分享程度。一个伟大的创意，一个动人的故事，一句有影响力的口号，都需要经过媒体传播过程中的不断磨合、提炼、定位，赢得不同群体的共识，才能真正具有"文化内涵"，成为品牌。可是，受众的文化程度、年龄、生活圈子不同，也可能造成受众对信息的消费习惯不能相互取代的局面。基层新闻发言人只有在实践中不断细分公众层次，改进发布艺术，增强内容的亲和力，才能在传播中具有贴近性。

案例分析：从"商丘好人"李学生事迹谈精准传播

2005年2月20日的温州，春寒料峭，天色灰蒙蒙的，站在马坑村村口，向左看不到铁路尽头，向右也看不到铁路的尽头。

"呜——"

急促的汽笛拉着火车转了个弯，突然轰隆隆地出现在人们眼前。100米、60米，有两个孩子傻傻地看着离自己越来越近的火车……这时，一个小伙子跳进隔离带，不顾一切地冲向铁路，一个孩子被拉了出来。当他再次伸出手，却与另外那个孩子一起被撞飞了出去。

他，就是来自河南商丘的农民工——李学生。时任浙江省委书记习近平就李学生的英勇壮举作出批示："世间有造就伟业的英雄，有在平凡岗位上默默奉献的英雄，有在关键时刻挺身而出的英雄。李学生就是一个作为平凡之人而作出不平凡壮举的英雄。"

笔者在陪同记者采访农民工李学生事迹的过程中，敏锐地感受到他身上的精神价值已超越了救人本身。于是，在正常的新闻发布外，又为这位孤苦的英雄写下长篇纪实文学《大国民》，向人们讲述了一个草根的向上、英勇、侠义之梦。《大国民》出版后，获团中央精神文明"五个一工程"优秀文化作品奖，先后在腾讯、新浪等网络转载，引起社会关注。

笔者还将《大国民》改编成电影剧本《草根英雄》，由共青团中央、北京紫禁城影业公司、腾龙华天有限公司出资拍摄，并获河南省委宣传部"五个一工程"奖、省政府优秀文艺成果奖。

李学生的故事发布，有短、平、快的新闻作品，有感人至深的长篇纪实文学和电影，还有李学生精神暨"商丘好人"理论研讨会。

2015年3月，李学生牺牲十周年，商丘又开展了一系列纪念李学生活动，笔者与众记者再次踏入温州。在那里，大家依然能够感受到人们对李学生的敬仰，以及他留给温州人的精神力量。温州市广播电台记者熊可为说，"岁月沧桑，我们没有忘记李学生留下的感动，让温州过去追求的生活理念'商行天下'，改变为'尚行天下'。我们作为外地人，也由此多了生活的底气。"2015年7月25日，《人民日报》刊发龚金星、朱佩娴采写的长篇通讯《商丘好人感动双城》，再次讲述了李学生壮举对温州、商丘两个城市的影响。2016年，李学生的事迹及相关音像、图书、报纸资料被收录入温州道德馆。

"精准"发布，是传播的生命。找准不同受众群体，根据各个时期、不同的媒体优势，分别采用适合的体裁，促进信息全覆盖，就可能不断地推动传播终端被无限分享。

六、基层新闻发言人要打造好自己的"两个翅膀"

过去，基层新闻发言人必须依赖于邀请记者参加发布会或面谈会等模式开展工作，由于客观因素的限制和媒体的不可控性，以及与受众互动的不足，只要不是重大事件，一般性发布效果并不显著，这也是基层新闻发言人制度推进的一大障碍。

为适应时代的需要，商丘市政府新闻办公室在发挥传统发布优势的同时，又相继开通了官方微博、微信——"商丘发布"。利用新媒体发布不仅便捷、即时，在传播与发布过程中的内容、语言方式，基层新闻发言人能够完全掌控，而且还能与公众互动，增强情感交流，吸引传统媒体跟进，实现优势互补。如果说新闻发布＋传统媒体是基层新闻发言人的一个"翅膀"，那么新闻发布＋互联网又等于给基层新闻发言人插上了另一个"翅膀"，这也是基层党委、政府信息公开常态化的最佳方式，而且对关注地方政府的公众具有针对性。

案例分析："商丘发布"与新媒体运用

新媒体的运用，成了商丘市基层新闻发言人的"红利"。现在的"商丘发布"，成为活跃在本区域的新媒体品牌，含微信、微博、客户端。2015年省政府新闻办公室表彰十大官方新媒体，"商丘发布"榜上有名。

但是"商丘发布"在最初上线时，第一手信息来源很窄，发布的内容中规中矩，粉丝少，转发少，影响力小，起不到加强信息公开，服务地方党委、政府中心工作的作用。通过尝试，发现只有扩大新闻发布阵地，提高发布内容与公众和媒体的黏合度、互动性，使之能被多次转发、称赞或评论，才会将发布效果发挥到淋漓尽致。于是，建立了市、县、乡镇发布聚集系统，相互@，形成一个庞大的矩阵。首先，（1）建立"商丘发布"到市直各机关、企事业单位，再由市直各机关、企事业单位到所有员工及服务对象的"微"网；（2）建立"商丘发布"到各县区、乡镇办事处的"微"网；（3）建立各县区、乡镇办事处再到辖区居民的"微网"。吸引司法、卫生、教育、交通、电信、金融、安监、商务、企业等多个部门的专业人才参与，逐步打造2000多人参与的基层新闻发言人队伍，形成网格式的环环相扣、环环相通的"大圈"连"小圈"、"圈圈"相连的商丘大"朋友圈"，覆盖全市80多万部智能手机、150多万网友。其次，改进发布内容：（1）快速发布市委、市政府重要决策和重大事件进展，因为人们了解事态习惯第一时间看政府怎么说，通过"朋友圈"圈圈相传扩大信息透明度或稳定舆情；（2）以亲切的语言回应公众关注的热点问题，切实解决公众的疑惑，让发言人情感的温度无处不在；（3）以尽善的方式助人为乐，把"商丘好人"的精神成为公众的行为自觉。

2014 年 11 月，某高校学生因求爱被学校开除，网上反应很大，"商丘发布"多次被 @。该校坐落在商丘，冠名商丘，可并不归属商丘，"商丘发布"不方便直接回应，但不回应又涉嫌不作为，"商丘发布"耐心与网友沟通，"我们都曾年轻过，身上也隐藏着荷尔蒙，浪漫的冲动总是难免的，谁离开谁都无所谓，只是今后的路还漫长，别为点滴伤感误一生，但愿商丘是你的记忆。做过，即使失败也别懊悔。"以文学的笔法，释缓了网友们的不安与躁动，还没越权评议学校而介入是非。

2014 年 12 月，网上出现"钱再多也买不回亲情"的新闻，讲述深圳亿万富翁李贵宾幼年时，因父亲家暴，母亲离家出走至今不知下落，他只知母亲娘家是豫东商丘人。这本是个人私事，"商丘发布"还是将他这种寻母情结推向公众，引发众多热心人转发。老人走失、因病陷困、健康养生、农产品滞销、天气预报、交通资讯……"家长里短"也能上政府微博，这也是培养忠实粉丝的好办法。

有时，"商丘发布"也转发来自传统媒体的信息，通过这个平台强化公众分享，扩大传统媒体的受众。同时，很多传统媒体人又通过关注"商丘发布"，了解公众反映的社情民意，获悉新闻线索，采写更多的民生稿件，从而使传统媒体与公众更为贴近。

"商丘发布"矩阵联动，关注现实、参与现实，直接与现实对话，直接回应现实，担当、有爱、有用，让受众养心养眼，内容从体系转发，向全社会广泛分享，营造了一个庞大的信息"圈"。各单位基层新闻发言人也从地方、部门、行业的"独唱"到地区多单位的"大合唱"，形成政务信息公开的茂密"森林"。

尽管商丘"发布＋互联网"的方式还在探索与完善的过程中，

也存在不尽如人意的局限，但还是要肯定，这是基层新闻发言人尊重媒体发展规律，创新发布平台的新途径，是能够被政府与公众认可、欢迎的平台。

七、基层新闻发言人要当好媒体的"厨师长"

产品要想卖得好，在质量相当时，拼的是公众对你的认知度。认知度是要通过传播将信息"植"于公众的眼里、心里。然而，信息不等于都是新闻，不等于都可以直接传播，有时需要通过策划、组合、包装、挖掘、发布，放大信息的价值，才能转化为可以传播的新闻，这就需要基层新闻发言人提供有趣、有用的好故事，把政府的形象和将要表达的意愿，借助故事潜移默化在公众的心坎上。

当年，穆青为塑造县委书记的榜样——焦裕禄，住在兰考县走村串户多日，就是用心去寻找、触摸催人泪下的故事。一个优秀、有活力的基层新闻发言人，要懂得审时度势，善于运用"无形"的手来代替"有形"的策划。

笔者根据自身从业经验总结，基层新闻发言人要抢占先机，必须培养自己的政治与新闻敏锐性，要时刻关注时事，善于从高层领导的讲话或活动中"淘"信息，把握全国政治、经济、文化发展的大趋向，及时"扬""弃"，研判、提炼"行情"，蓄水"养鱼"。如果基层新闻发言人老是等待上级发指示后，才去挖掘"鱼塘""买鱼苗"，时效上就会慢半拍。等到"鱼"出塘，最多赶个"行情"的尾巴，"卖"不出"大价钱"。信息对上了"点"，就是典型新闻，头条的概率就会大增。行动晚了，给人"似曾相识"的感觉，文章就会少了新意，可能落个人们仅仅瞄下标题的结局，而内容往往被"快餐"式阅读忽略，传播效果就会打折。

案例分析：商丘村支部书记工程

十六届四中全会召开前，笔者在新闻中关注到胡锦涛等党和国家领导人密切下基层调研，而且经常提到基层组织建设，感觉到这将是一个时期的主要议题，应该围绕这方面找信息，跟踪舆情，捕捉新闻。一天，恰遇组织部原组织科长刘家勋，问他近期在忙什么，他说正在组织农村支部书记培训。经过进一步了解，发现商丘在这方面持续做了大量工作，笔者心想有戏，于是把这项工作定位为"村支部书记工程"，连续半个多月走乡串村，走访 30 多位支部书记和近百家农户，写满 3 个笔记本，提前做好了细致的采访。十六届四中全会召开，果然作出了《关于加强党的执政能力建设的决定》。笔者心想，"行情"到了，马上根据各个媒体发稿的特点，分别主动上门"报料"、供稿或提供采访方案。一大批稿件先后在《人民日报》《经济日报》《农民日报》和新华社等媒体刊发，中央人民广播电台《全国新闻联播》、中央电视台《新闻联播》均头条播出。

当下，如果不是中央重点布置或媒体确定的重大典型，让记者在一个地方待上十天或半个月找新闻几乎不可能，让他们深入群众中挖掘细节更是难上加难，媒体的快节奏注定记者们只能来也匆匆，去也匆匆。因此，我们基层新闻发言人要当好记者的"厨师长"，有没有客人都要备好几桌料，准备几个"特色菜"，随时能发布出来！

在"内容为王"的传播时代，良好的形象会给政府带来公众的支持与响应。基层新闻发言人要不断创新"故事"发布，多做对地方或本部门形象有正面意义的推介，让"嘴皮上功夫"在公共服务领域发挥越来越强的作用。

第五章　基层新闻发言人如何处理与媒体的关系

著名作家芦苇说，"编剧老是和导演搞不到一块。矛盾是永恒的，在国外也是一样。"但他也认为二者缺一拍不成电影。相应的，基层新闻发言人与媒体、记者、公众也是对立和统一的关系，在对抗与相互依赖中推动彼此的发展进步。

基层新闻发言人与记者的"冲突"，就其实质而言，就是舆论场上话语权的竞争。记者的议题是弄清真实信息的需要，媒体立场的需要，公众利益的需要。基层新闻发言人的"防"或"攻"，是借助记者和媒体完成地方党委和政府政策主张的对外传播。正确处理与媒体的关系，是基层新闻发言人展示公关技能与魅力的过程。

一、要尊重新闻、善待媒体

有些地方领导，面对不同利益的诉求，或是于己不利的舆情，便认为是向其权威挑战，表现出内心的焦虑、脆弱与不自信。全媒体时代，基层领导干部和发言人务必转作风、改文风，当好新闻记者的"三好学生"。

1. 尊重新闻规律

一天，某县主要领导的名字出现在负面性的帖子上，他把宣传部长喊来怒吼，"这么大的事你也不管，添乱吗？"好像舆论危机是宣传部造成的，宣传部长不作为。

过去，新闻和宣传往往被混为一谈，误认为新闻的目的是宣传，宣传要借助新闻。当今，传播形式的多元化，让新闻与宣传各自的特点凸显出来。宣传重立场，价值观先行，有着鲜明的政治观点与文化符号；而新闻侧重于信息的新意和公众的情感黏合度，讲究时效与事实。近年来，市场化的资本以种种形式进入媒体，加速了传播方式的变革，媒体受到背后利益的驱动，新闻的内容趋于多元化，新闻不再是单纯地为了宣传，媒体常会从公众关注的议题或反常的议题里找新闻，公众也从被动地接受宣传教育向信息消费者转换。这时，政府也要适应媒体的变化，不能出现问题就一味地责怪宣传部门，而漠视事情的本质、根源。相反，政府要主动地向媒体、公众"推销"自己的主张、真实信息，通过新闻实现宣传，化解矛盾。基层领导干部和新闻发言人必须尊重新闻规律，认清媒体与公众消费心理的发展趋势，认真研究新形势下新闻传播和受众的关联，掌握新闻中公众的关切点，增强针对性，改进宣传的内容和方式，提升舆论管理引导能力。

"给鱼扎上翅膀，不如给鱼挖个小池塘"，只有正确理解新闻与宣传的差别，才能把握不同时期媒体发展的特点，做好新形势下的新闻发布和宣传工作。

2. 善待媒体

善待媒体是要认真对待媒体，了解他们的采访需求，针对采访需求提供相应的新闻线索和素材，以此引导媒体报道内容和倾向，而不是简单粗暴地拒绝，或是简单天真地以为拉关系、"交朋友"，就能"搞掂"媒体。

在媒体记者面前，基层领导干部和新闻发言人千万别以为自己聪明，因为你不知道出色的记者会在什么地方"伏击"你。有位乡党委书记自以为与记者们很熟，可以化解舆论危机。有一次，记者来采访负面的新闻事件，他自我感觉不会出什么意外，没有认真沟通、引导，不是打哈哈，就是卖萌。记者不露声色地走了，稿子见报后，省、市调查组来了。这位乡党委书跺着脚说，我与这位记者是朋友，他怎么能下重手？殊不知，朋友是相互认可、相互仰慕、相互欣赏、相互感知的过程，你工作中出现失误，已经失去了记者对你认可的基础。而发现新闻，才是每个记者的天职。

案例分析：商丘市夏邑县红楼事件

多年以前，中央电视台《焦点访谈》播发夏邑县曹集乡政府貌似"天安门"办公楼的新闻，其中有一个镜头，乡长想劝记者不要再继续采访，拿出几万块钱，"看我当个乡长，也很不容易。"大家在画面上感受到了乡长的无奈，又恨他做了不该做的事，说了不该说的话，这不是白白地给记者送去新闻点吗？

商丘有很多人，包括笔者也专门去看过曹集乡红楼，其实该楼本身的造价并不高。与几位基层新闻发言人探讨，大家都认为，如果当时该乡大大方方地把账册拿出来，让记者看到该楼投建资金真实信息，阐述该楼的设计、筹建是为了让不曾出过远门的乡亲，在家门口圆一个"我爱北京天安门"的梦，安排农民对记者介绍对祖国的热爱和天安门情结，不送钱，不乱说话，或许这条新闻的结局就会是另一个样子了。

研究记者，要研究在他们的脑子里，什么事能构成新闻、构成什么样的新闻，能带来什么样的舆论后果，应在心里做个演算，打有准备之战。

一般情况下，在掌握他们采访目的后，要寻求危机事件与民意的切合点，围绕切合点解决问题，与记者、公众展开良性互动，以真心实意让记者感受到地方政府为民所想、所为，其效果远比"短兵相接"或"潜规则"好。特别是中央八项规定出台后，媒体界也掀起反腐和打击不良现象热潮，"踩红线"的言行更是万万不能有。

二、在记者面前，一定要摆正受访的位置

任何人，在记者面前，就是受访者、信息发布者，不论职位高低，所处环境如何，你的话都有可能被记录、传播，所有言行必须客观、真实，不能感情用事或主观推测。也不能因为媒体的背景大小，过于迎合奉承或轻蔑，一定要摆正受访的位置。

1. 在记者面前，基层新闻发言人要善于交流、沟通，化"危"为"机"

我们强调善待媒体，处置好与记者的关系，不能简单地理解成与记者交朋友，既不是与他们吃一顿饭或甘愿"被潜"就是朋友了，也不是用各种纯熟的公关技巧来"忽悠"或"摆平"媒体营造"朋友"般的氛围，而是告知大家要懂得尊重媒体。记者来这里是采写新闻、编发报道，基层新闻发言人应该做的就是提供新闻线索和素材，引导记者真实、客观地报道。

现在一些基层新闻发言人不善于与新闻媒体打交道、交朋友，不能运用舆论推动工作，认为媒体容易添乱子、帮倒忙，怕媒体、躲媒体。其实，记者走南闯北，信息量大，所见世面广，路子多，两者不是"猫与鼠"的关系，应善于与他们打交道，在与他们的沟通中多了解别人成功的经验，不断地提升自己、帮助自己。同时，也可以在交流、沟通中，借助记者的"麦克风"向外界多宣传本部门、本地区，增强对社会的影响力。

案例分析：商丘市睢阳区的拆迁报道

有一年，笔者还在睢阳区委宣传部工作。当时，商丘市神火大道向南延伸，需要大量农户拆迁。有一位媒体记者来到拆迁现场，寻找新闻。个别领导怕"刺手"，通知笔者劝记者赶快离开。由于笔者采访过拆迁现场，知道群众对该项目很理解，就向领导建议，"推"可能引起记者的内心误会，进而反感，既然没事，咱何来的怕事？于是笔者带记者前去采访。他们看到的是党员干部帮助群众抬东西、做饭择菜，其乐融融的景象。群众都开明地说，要发展，就要有所牺牲与奉献。在拆迁负面舆论此起彼伏的当下，这绝对是个另类新闻点。记者无限感慨，说他到了很多拆迁现场，还真不多见干群关系如此情深的。笔者进一步与他沟通、阐释，一个地方，基层领导干部在有限的条件下，只要出于公心，以发展和解决群众困难为己任，政府的决策会得到群众的理解与支持。后来，记者根据这个现象写出长篇报道，还在该报一版发了头条。

基层新闻发言人面对舆情，既要能"接球"，又要能"发球"。在与记者相处的过程中，不管他所在的媒体背景大小，都要真诚、包容，建立热情、和谐的氛围，压力下寻找转机。千万别因为他来揭你的短，就认为对方不够友善。记者采访的最终目的，是寻找公众的关切点，不一定是来找茬、挑刺的，你有好的展示，他有什么理由不报道呢？

2. 面对记者，基层领导干部除了公职身份，还要自觉加上"新闻发言人"的身份

任何领导干部、公职人员在面对记者、公众了解问题的时候，实质上是在代表单位、组织回应社会关切，应该自觉转换为新闻发言人，不能把自己当作一个与本职工作无关的个人，不能不说话，也不能乱说话，更不能因自己任何"强大"的理由而迷惑，或因与记者私交放弃自己职务立场，作出错误的判断，在采访或新闻发布的过程中讨价还价。

曾经，某单位有位领导因为负责某个拆迁项目，引起某中央媒体记者关注。采访中，两人称兄道弟，"唠"出了义气，"唠"出了拆迁事件的边沿。他忘了记者是带"题"来的，把个人身份与职务行为混为一谈，没有理清在记者面前应有的位置。结果，他的不当言语见报了，在无法面对上级领导和公众的情况下，被迫辞去职务。

即使党员干部以个人身份注册的微信，也应该自我设定"红线"，因为你在"朋友圈"里发布信息、言论，也不是传统意义上的私人空间，已经有了媒体的传播功能，具备公共场所属性，同样要自觉地转换为新闻发言人。2015 年 12 月 18 日，《中国纪检监报》在一版发表文章《党员能在微信朋友圈里妄议中央大政方针吗》，披露东部某市公安局副局长在周六休息时转发一篇关于"一国两制"的微信，并配上一段与中央精神不相符的评议，在社会上产生了不良影响，因妄议中央大政方针，违反政治纪律，受到处罚。

以上例子的关键点，都是公职人员在媒体面前没能自觉地完成新闻发言人的身份转换。媒体，是一个说话的工具或载体，它能让你了解时事，有效地进行公共管理，但它也能让你暴露工作中的不足和"软肋"，让你上火难堪，甚至前程暗淡。其实，只要理清自己与记者、公众的关系，摆正位置，在关键的地点、关键的时间、关键的场合，说对关键的话，自然

不会导致因一时"失言"成为"新闻名人"。

3. 面对记者，冲动是"魔鬼"

很多人都有一个习惯，凡是与自己生活、工作有关联的新闻，会认真去看，无关的便一目十行，一带而过。但遇到一些负面新闻，哪怕与他相距千里，也会瞪大眼睛，仔细阅读，甚至感慨。因为这件事发生在别人身上，很容易引发道德的正义，站在弱势的一方。可有一天，当媒体的镜头或话筒立在自己面前，有人或许就会愣了，呆了，甚至急中出乱，口不择言，捅出大麻烦。特别是一些公职人员由于缺乏足够的政治、媒介素养，权本位思维作怪，导致"雷语"丛生，冲动成"魔鬼"。

案例分析：从"茶杯门"看如何面对媒体

2010 年，河南省某县城郊乡农民魏某在找乡长蒋某说事的过程中，端起办公桌上一个水杯，说喝口水。蒋某立即喝止，这是我个人用的水杯，你不能用。魏某回答，这不是给人用的吗？蒋某认为此语双关，有骂人的含义，加之他们因土地等问题曾发生过争执，于是矛盾激化，导致魏某被拘。媒体介入，蒋某在回答记者时声称，如果是老百姓之间，这类小纠纷就算了，但这件事不拘魏某，我将没有办法在这个地方干下去了。又说，我如果现在放他出来，岂不是承认我错了？

本应该就事论事的回答，反而让这两句明显带有情绪的话掩盖了事实真相，冲动的情绪将自己推向群众的对立面，将自己置于法律之上，也为记者提供了新闻点。媒体报道后，马上引起网民围观热议，称之为"茶杯门"。在基层党委和政府不能百分之百地满足群众愿望的背景下，"茶杯门"同样激发出人们复杂的心情，有人借机发帖谩骂：你是人民选举的乡长，群众来找你说事，即使需要你奉献一个茶杯又该如何？在媒体面前，蒋某没有摆正位置，让自己成了舆论的焦点。

　　任何人在媒体面前，千万不要因为官位而想在气势上压倒记者，一定牢记权力是人民群众赋予的，为民所用理所当然。你的每一句话都要为单位和自己负责，要承担后果。记者也是为国家和广大人民根本利益服务的。作为基层领导干部，一个社会治理者，要诚心接受社会和媒体监督，绝不能因记者采访时的情景让思想"闹情绪"，图一时嘴快而闹出大危机。要尽可能地平心静气，耐下心来沟通、说服，化解舆情。有的地方领导试图动用关系，让稿件不在来访记者的媒体上刊播，但即使这样也无法阻挡记者充当一次"自媒体人"，或者将信息转给别人继续让信息"曝光"。不管什么渠道的"曝光"，只要处置不当，都能引发媒体与公众强烈互动，成为基层领导难以承受的舆论危机。

4. 面对记者，要会用正确的表达方式来维护自己的合法权利

　　负面舆情，一般都会涉及利益冲突的两个以上当事方，基层新闻发言人一定要让记者知道自己的声音、态度与立场，预防记者偏听偏信。无论面对多么强大的媒体，舆情多么严重，所承受的社会压力多么巨大，基层领导干部、新闻发言人都要摆正受访的位置，理性面对，敢于摆事实、讲道理，传递真实的信息，依法保护自己，把舆情消化在危机的萌芽状态。

案例分析：商丘市医药食品监督局回应记者采访报道

2013 年 11 月，某报记者到商丘市某大药房采访后，把写好的稿件传到市医药食品监督局，说该大药房没有按处方卖药，政府监管不到位，须到北京的报社说明情况。市医药食品监督局的同志找到笔者，我们一起分析，该记者跨行业采访，虽然实情没有稿子所言那么严重，但新闻要素已具备，此时如何回应非常关键。不理他，对方肯定能发稿，而且引导不当，或许会引发舆论一面倒，药监部门会受到谴责。于是笔者建议，市医药食品监督局首先要向省主管部门汇报，把调查情况和责令该药店关门整改的处理意见以文字的形式呈报，争取上级领导部门的指导意见。同时，积极与媒体沟通，感谢他们对我们的工作监督，也诚恳检讨存在的漏洞，把我们过去的制度和现在采取的具体做法以及上级部门的最新指示，通过电子邮件或传真方式回复记者，并在地方媒体或官方微博自揭"家丑"。最终，该媒体没有发稿。

一般情况下，在对方稿件没有公开发表时，就能够及时作出相应处理，响应了媒体的监督，他们收到相关信息后会客观、公正地发稿，这样的稿子发表后就没有太大"杀伤力"了。如果出现片面的报道，我们及时召开发布会说明情况，公信力受损的将是发稿媒体，而不是政府部门。这是舆情风险管控前置的最佳方式。

三、基层新闻发言人要学会给记者讲故事

在一个发布会上，有位老同志面对记者询问怎样看待新媒体时，愣住了，尽管平常讲话稿中经常提到这个新名词，但让他解释一二三，脑子里却一片空白。但好在他反应快，会讲故事。他说，一次出差，同行的小伙子不停地玩手机，自己很寂寞，于是问，你自娱自乐有啥意思？小伙子说，我在找朋友。这小伙子从没来过这里，也没听说有同学，何来的朋友？看我疑惑，小伙子晃了晃手机说，用它寻找附近和我一样的"夜猫子"，只要同意加为"好友"，指尖轻轻一划，我们就成了"圈子"里的人了，聊工作、聊生活，交换信息，分享图文并茂的世界和开心的小段子、某个感悟、当地小吃名胜……拉近感情，素不相识也能交流出温度。这就是我眼中的新媒体！老同志的叙述赢得了掌声。

通常情况下，基层新闻发言人如果没有掌握将要发布的核心信息，最好不要被动地接受采访。在接受记者采访或出席发布会时，首先要考虑好记者今天关心的问题是什么，尽快进入核心信息，或抓住记者的兴趣点。不然，你不仅无法掌握主动权，还可能增添风险。记者有时专捡"软柿子"捏，特别在突发事件面前，你越吞吞吐吐，越有可能遭受记者狂轰滥炸。

基层新闻发言人面对记者，不必正面回答所有的问题，有时硬着头皮回应没经授权或不熟知的问题，很容易出错，搞不好就要付出代价。在记者设问的"圈套"面前，不能被"碰瓷"，要善于找出一个连接点，让大家转换思维轨道，回到自己的信息上来。有时，也不要担心与记者的设问文不对题，你的重点是利用媒体传递你想要发布的信息，靠好的故事、好的新闻点转移他们的视线，回答的过程尽量不要给记者插话的空间，直到讲完你所准备的内容。所讲的故事必须在发布内容的基础上做到：要与人

们关注的热点问题相关，有很强的实用性；要根据事实，开门见山地告诉人们你要说什么，让人解惑；要善于从生活小事中见微知著，要鲜活。

案例分析：一则新闻发布的真实故事

2016 年 8 月，为落实中央、河南省关于打赢大气污染防治攻坚战的部署，基层工作人员强制关停了商丘市部分排污不达标的企业、商户的门店，引发某些既得利益者不满，产生了较大的舆情。面对记者、公众的强烈质疑，这时不好用"空洞"的意义、支持率来解释、回应，于是笔者在记者见面会上讲了一个在采访中获悉的真实故事：8 月 29 日下午，笔者走向街头了解大气污染防治工作情况，在文化路与神火大道交叉口西北角的祥和花园偶遇居民刘伟。他介绍，他家楼下有几间汽修钣金行，过去每天排出的汽修、喷漆气息十分难闻，也让大家担心影响身体健康，常年不敢开窗户，楼上 24 户居民曾经多次集体与汽修钣金行交涉，均无果，还发生过激烈争吵。大气污染防治攻坚战关闭了汽修钣金行，终于让他们敢开窗户了，可以抱着孩子看蓝天白云，呼吸新鲜空气。虽然一时吃饭、买菜有点不便，但换来这环境绝对值！这个真实的故事让大家心服口服，有多家媒体在刊播新闻时引用了这个故事。

通过讲述鲜活的故事与记者、公众交流，容易产生感染力，让平铺直叙的发布有所起伏，将概念具象化、数据实例化，提高议题的穿透力，适宜大众分享与传播，解决"有理说不出，说了也传不开"的问题。但是，在发布会上巧用故事要符合实际，不能违背自然规律和科学常识，不能违背公众利益与社会道德。

四、基层新闻发言人如何面对外国记者

《中华人民共和国外国常驻新闻机构和外国记者采访条例》（国务院令第 537 号）规定，"中国实行对外开放的基本国策，依法保障外国常驻新闻机构和外国记者的合法权益，并为其依法从事新闻采访报道业务提供便利。"随着改革开放的深入，我们走出去，外国媒体记者走进来。可由于国内外记者的世界观与价值观不同，所受教育和文化背景不同，以及国内外受众对信息需求的不同，外国媒体的报道方式难免会与我们的出现碰撞、交锋。但是，无论正面或负面的报道，一经外国记者采访报道，便将传遍世界。地方的形象也是国家的形象。做好涉外新闻媒体采访工作，关系国家在国际社会中的地位和形象。

《条例》第 17 条规定，"外国记者在中国境内采访，需征得被采访单位和个人的同意。"外国记者在我国采访自由度不断扩大，给基层舆情处置带来了新的问题。在实际工作中，如果接到境外媒体采访要求时，要报知单位主要领导和上级部门，对接受或因故不能接受的采访，要在 24 小时内回复。在采访安排上，要体现"公开、透明"的原则。一般情况下，新闻发布会应对有采访资格的境外媒体开放。同时，也鼓励、推动地方和各部门主要负责人接受境外媒体记者采访。接受境外媒体采访前，尽量通过索要采访提纲掌握媒体背景和采访目的，有准备地互动。同时，提供交通、通信、网络和住宿等服务信息，为记者传送稿件和音视频报道给予支持。涉及敏感、热点问题，要把握好度，提高工作的前瞻性。严格按照法律行事，确保境外媒体的报道能够公正、客观、友善。

在给外国记者采访提供服务和便利的同时，也要依据《外国常驻新闻机构和外国记者采访条例》对外国记者在华采访进行依法管理。条例第 4 条规定，"外国常驻新闻机构和外国记者应当遵守中国法律、法规和规章，遵守新闻职业道德，客观、公正地进行采访报道，不得进行与其机构性质或者记者身份不符的活动。"条例第 17 条规定，"外国记者采访时应当携带并出示外国常驻记者证或者短期采访记者签证。"条例第 20 条规定，"外国人未取得或者未持有有效的外国常驻记者证或者短期采访记者签证，在中国境内从事新闻采访报道活动的，由公安机关责令其停止新闻采访报道活动，并依照有关法律予以处理。"

在重大活动或突发事件处置的新闻中心，要设置境外记者接待组，安排政府新闻办、外事办（或港澳台办）等机构参与，密切关注境外媒体的舆情，建立信息通报制度，完善涉外舆论引导对策。发现境外媒体歪曲性的报道，应视情况由相关部门及时组织回应、澄清或驳斥。需要主动向境外媒体发布消息的，应按照有关规定，由国家有关部门或授权地方来发布。

案例分析：商丘市接待外国记者采访实例

2012 年 5 月底，美国某报驻京记者站站长汤姆直赴永城，采访李新功强奸幼女案。由于商丘地处中原，主动上门采访的外国记者很少，当时，永城方面不知怎样接待好，生怕"丑"扬国外。商丘市政府新闻办公室获悉信息后，一方面与上级联系，争取指导性支持；另一方面与永城方面探讨。经过研判，我们采取了以下措施：1. 由永城市政府外事办核实记者身份、有效证件；2. 由警方正面沟通，此案正在侦破中，涉及未成年人隐私，按照我国有关法律规定和国际惯例都不能接受他的采访，案件的具体进展情况，地方政府官方网站都已发布；3. 在接待过程中，涉及单位要注意细节，热情、有理、有节。最终，取得汤姆的理解，不再进行实地采访。

五、基层新闻发言人如何面对网民"爆料"

在新媒体时代，无论是记者，还是网民，所传播的负面信息，都有可能引发舆论危机，带来"次生灾害"。所以，信息由谁来发布并不重要，重要的是基层领导干部、基层新闻发言人如何正确分析舆情、合理引导舆情。舆情处置的不同方式，会带来完全不同的社会效果。

案例分析：基层领导干部和新闻发言人引导网民理性发声实例

2013 年 9 月，有网民"爆料"，柘城县第二高级中学千名学生抢砸食堂、超市等信息。柘城县公安局迅速查实，当时仅有几名学生推翻食堂两张桌子，而网络传播的照片是学生下课的场景，按说是严重失实。但怎样让真相覆盖谣言？

时任商丘市委书记陶明伦听取汇报后，组织人员认真分析舆情，指导相关单位，不能简单地切割关联，以"失实"单方面追责"爆料"网民。他的发布虽有夸大其词之嫌，但毕竟事出有因，要一分为二地分析问题，既要对媒体、公众讲清真相，也要从学校管理者身上查找问题。商丘市一方面利用传统媒体及时澄清事实，扼制不实信息的传播；另一方面，通过县纪委发布学校食堂、超市等管理方面存在的问题，作出校长、主管副校长免职，县教育局分管该校的副书记警告处分的决定；市纪委、市教育局等单位举一反三，在全市排查，杜绝类似隐患，公开发布全市学校食堂、超市等方面的若干管理规定，努力为学生创造更好的生活环境。事后，《人民日报》发表文章，对这些做法给予肯定。

商丘市委、市政府正确处理与记者、网民的关系，辩证地分析问题、处理问题，既成功化解舆论危机，避免了社会矛盾激化和媒体恶性炒作，又保护了未成年人，实现了社会管理者与记者、网民之间的矛盾转换、融和，其结果获得社会的称赞。

　　基层新闻发言人如何辩证地处理好与媒体人的关系，是一门艺术，也是对基层新闻发言人处事准则与胸怀的检验。客观上讲，新闻发言人应与记者、网民建立无缝、高效的对接机制，共同维护信息的真实与安全。对于记者、网民的质疑，地方政府要主动查找本身的工作漏洞，自我纠错或防患未然，切实解决公众所思、所难，并且通过回应进一步深度阐释地方党委、政府施政目标、举措。

第六章　基层新闻发言人如何做好舆情分析

风险是危机的前兆，危机是风险失去管控的后果。它们的形成是渐进性和突发性相结合的过程。舆情分析，实际就是通过分析舆情，研判其中是否潜藏风险，并通过新闻发布等方式化解这些风险。面对复杂的舆情，基层新闻发言人要牢记风险防范意识，通过有效的舆情分析，进行潜踪引导或者强化治理，把危机消化在舆论风险形成之前。

为了准确研判舆情，选择最佳的回复、应对、处置方案，每个地区和部门的领导、新闻发言人都要成为舆情分析师、舆情处置操盘手。如果不会分析舆情，总是靠别人的二手材料，在判断中就有可能出现偏差。而自己能够进行舆情分析，就能很好地把握舆情处置的时效性和客观性，实现舆情处置和引导舆情发展的趋势"同步"。

一、分析舆情，是为有效引导舆论

舆情以事件为核心，集聚了媒体和公众对社会问题不同的看法，可以演变为社会治理者的执政危机。基层新闻发言人要通过对舆论的监测，收集媒体、公众对本地区和本行业的各种关切，根据舆情爆发的时间节点、所发布的细节和公众的参与数量来衡量新闻热度，分析其"杀伤力"，确定应急级别，采取相应的有效措施，避免舆情扩大。

实践告诉我们，舆情从出现到演变，有其特殊性、偶然性，也有必然性。

即使同样的事件，发生在不同的情境下，以及采取不同的处置方式，最后产生的社会反响和舆论后果都会有所不同。

案例分析：商丘市梁园区"水泥封树"事件的舆情处置

本书第三章中提到的商丘市梁园区因公用事业局下属单位雇工未按要求施工，造成"水泥封树"现象，网民最初将照片发到网上是 8 月 8 日 15 时左右，19 时至 23 时形成传播高潮。其实，梁园区委、区政府在 18 时左右已责成公用事业局整改，也发布了将封树的水泥地坪全部切割清运，重新修建树池，为人行道树木"解套松绑"等信息。但"吐槽声"压倒了"整改声"。

笔者根据事实分析，首先此事若发生在平时，或许可能只被路人当作"笑料"而不被"爆料"。但在"大气防治，全城饭店关闭"的舆情背景下，此事很容易引起公众和媒体的高度关注。而梁园区采取整改措施后，因时间偏晚，广播、电视新闻时段已过，报纸第二天才能印发，传统媒体赶不上回应的时间节点，又没有发挥好新媒体的引导作用，没能及时回应公众关于"责任人怎么处理""损失谁承担"等问题的质疑，让舆情引导陷入被动。8 月 9 日上午，市委宣传部根据市领导指示，召集舆情分析会，明确要求梁园区尽快针对公众质疑拿出处理意见。由于种种原因，上午处理结果没有出来，部分外地媒体开始介入。17 时左右，笔者给梁园区相关领导打电话，指明若不尽快发布处理结果，恐怕傍晚又会是一波舆情高潮（特别是电视节目中的时事新闻评论）。最后，19 时左右，梁园区处理结果经研究授权发布，但为时较晚，已失去最佳回应时机。20 时，我们获悉市委将研究对梁园区舆情处置不力的通知，市属媒体、官方微博等待通稿。23时左右，市委通过政府新闻办公室官方微博、微信"商丘发布"首发了对梁园区哈森路部分路段人行道绿化树根部被水泥硬化情况的通报，责成梁园区委向市委作出深刻检查并对相关责任人进行问责。这是商丘市委第一次因舆情处置不力对地方党委公开通报和问责。

试想，如果梁园区能在事件发生第二天及时发布处理、问责结果，或许也可避免被公开通报和问责。

此事件发生后，商丘市建立了舆情分析机制，每日都有专人对发生或可能发生舆情的事件进行舆情分析、研判、跟踪。必要时，市委常委、宣传部长王全周亲自召集、参与舆情分析与处置。

二、舆情的收集

收集舆情，应全面、及时、真实，不要只考虑它的"热"与"冷"，不要凭借主观愿望论断，要根据舆情产生的起因、发展及其倾向性进行分析。收集舆情要包含它的出处、主要内容、标题、发生的时间和地点、事件主因、矛盾点、评论人影响力等。若来自媒体，还要结合传统媒体的反应和网络页面的位置、点击次数、转发情况、公众意见等。舆情收集后要分类统计，形成简报或图表等形式的报告。

现在有很多舆情分析机构通过大数据排列抓取信息。2014年2月26日，南京口腔医院因特殊情况，将一名男性患者安排到女病房，女患者的父母认为不当，用伞殴打护士，致该护士受伤。人民日报舆情监测中心公布当时数据：第一次，@南京日报发布护士被打视频，该博被转发1389次，评论 551 次，覆盖 50111171 人次。第二次，@南京日报发布了护士被打的调查说明，转发的关键词集中在"视频""护士""瘫痪""强烈要求处理"上。该博的传播高峰在 17 点至 21 点之间，在两天内持续发酵。第三次，@南京日报发布通报了"小护士被打事件"的处理进展，转发量达到 3614 次，覆盖人次达到 5198413 人，说明网友们的关注程度比第一条微博更高。舆情监测反映，公众对事件如何处置以及打人者的身份十分关注。一般男性对事件的反应比女性快，而女性对事件的结果关注更多；转发该博的关键词折射出真相是大家质疑的核心。有力的舆论导向，是两天内发布处理结果。

上面的案例说明，大数据分析可以帮助我们了解舆情在各个阶段的状况以及态势，它的运用，能够有助于在海量的信息中，经过对比、筛选、挖掘与本地区、本部门相关的舆情和处置的关键点，也有助于我们了解对公众一个地区、部门或企业的社会评价。运用大数据分析舆情，有助于提升基层新闻发言人工作专业化、系统化，有助于构建高黏合度的发布、交流平台，提高服务政府、服务公众的质量。但大数据不是万能的，有时候提供的舆情也可能存在"虚火"，很多时候片面的热点并不能反映真正的民意，这还需我们加强"临床"经验积累。

我们在舆情收集中还要注意，有时当事人会被自身或所在单位的利益左右，提供信息时闪烁其词、不够全面，甚至刻意隐瞒。这些都可能造成错误的舆情研判，导致事件处置不力或影响信息发布质量。

案例分析：货车司机张某自杀事件的舆情反转

2014 年 11 月 24 日，货车司机张高兴夫妇因不满河南民权县罗庄超限检测站的处罚决定，在车辆被扣数日多次争执后双双喝下农药，张高兴抢救无效死亡，其妻脱离生命危险。获悉舆情后，信息发布方经过调查，张高兴的货车超载，他只想接受罚款，不想卸货，还有闯关行为，而超限站却坚持先卸货再接受处罚，导致悲剧出现。通过舆情处置，既引导舆论对超限站不够人性化的执法方式批评，又引导公众对超限车辆危害的认同，使公众对处罚予以理解。此事件当时对地方形象损伤不大。

可是，12月1日央视《焦点访谈》记者披露，罗庄超限站工作人员曾指点超载司机可到3公里外一处废弃加油站交付600元钱卸货，再回来复磅、接受处罚，放行后再装上重新上路。查处超限成了形式，性质一下变了。于是，此新闻再次激发媒体和公众质疑，执法的背后是否隐藏着不可告人的利益关系？

在这个事件中，正是由于舆情收集时，罗庄超限站工作人员对应该提供的信息有所隐瞒，才造成舆情逆转，使新闻发言人的前期努力付诸东流，陷入被动局面。

三、舆情的具体分析

基层是舆情事件处置的第一现场，其所在地或相关单位的领导、新闻发言人应在获悉信息时，尽快进行舆情分析，定性、定因、定险，提出准确的应对措施。

同时，要建立舆情收集研判报告和重大舆情专家会商机制。各级党委宣传部、政府新闻办公室牵头负责本地的舆情监测应对工作，各县（区）、市直各部门要安排专门人员收集与自己有关的舆情，形成多层次舆情收集网络和信息共享平台。要密切关注异常事件的发生和重大政策出台、重要活动举办、热点问题出现、敏感时间节点的舆论动向，有针对性地开展信息发布和政策解读工作。遇到重大异常事件、重要舆情事件，涉事责任部门作为第一责任人，要在第一时间向本级和上级党委、政府报告的同时，通报宣传部门。

1. 舆情事件的定性

发生舆情事件，应尽快对其分类定性，以便最短时间内找到问题的责任主体。对基层新闻发言人而言，舆情事件可分为：政治事件、政府决策、政府形象、突发事件、群体事件、公共卫生事件、经济事件、民生事件、境外涉华事件等。

政治事件：指与国家政治有直接联系的事件，包括与政党、政权有关的活动。政府决策：指公众对地方政府的重要文件、公共服务、项目投资、文化活动等，提出自己的态度、看法、建议，甚至批评。政府形象：指国家机关和国家公职人员行使公共权力的具体表现，如公职人员是否廉洁奉公、遵纪守法、保持良好的职业行为，是否真正做到"权为民所用，利为民所谋"。突发事件：指突然发生，可能造成社会危害，需要采取应急措施予以应对的事件，包含自然灾害、安全事故、战争、动乱等。群体事件：指为了满足某种目的，由多人参与的突发事件，有时还伴随暴力行为，干扰、破坏正常的社会秩序，危害公共安全。公共卫生事件：包括重大疾病（传染病）防治，对食品、药品、公共环境卫生的监督、管制，还有相关的卫生、健康教育和免疫接种等。经济事件：指影响公众财产变化的因素和公众参与的经济活动。民生事件：关系民众生计的事件，一般表现在教育、就业、养老、卫生、住房、交通等公共服务和生活环境保障方面。境外涉华事件：指境外民众、政府机构、社会团体以及媒体对华人或中国正在发生的事件、将要发展的状况表现出的态度。

案例分析：商丘市金鹰批发市场火灾的舆情事件定性

2011年6月26日晚9时，商丘市金鹰批发市场发生火灾，持续燃烧6个多小时，事后登记，造成90多家商铺严重损失。信息在天涯论坛、新浪、搜狐等网络媒体扩散，网民纷纷要求公开事故真相。

27日黎明火势被控制熄灭后，市政府在公安局举行分析会，将该舆情事件定性为突发事件，责任主体是金鹰批发市场管委会，与舆情事件相关的还有商户、救援人员和政府态度。尽管火势凶猛，公众会对救援时长、市场内消防设施、商户损失提出质疑，但没有人员伤亡，舆论风险应有所降低。只要根据救援、事故原因调查的进度不断发布信息，应能够避免公众情绪焦虑。

27日，商丘日报、商丘广播电台、商丘电视台刊播金鹰批发市场火灾消息，介绍事故时间、地点、救援和成立临时指挥部等情况，也说明由于市场内易燃物较多且空间狭小，消防车难以展开灭火，致使火势在短时间内一度迅速蔓延。时任市长余学友还表态，有关部门要举一反三，防患于未然，加强消防基础建设，提高消防意识，并指示舆情事件发生地积极开展对商户的救助活动。28日，发布商户现场登记财产损失和事故原因调查中等信息。29日，发布善后工作有序进行等信息。事件整体舆情走势较为平稳。

2. 舆情事件的定因

分析舆情，不能孤立地就事件本身进行分析。事件的社会利益关联性越大，引发关注的范围就会越广泛，所带来的社会影响也会越大。这种利益关联往往取决于情境的特殊性，在不同的时空环境，不同的社会心理、文化背景下，都会产生不同的相关利益者以及不同的舆论后果。所以，我们在舆情分析时，一定要充分考虑事件的相关因素。

（1）政治因素

每当重大改革或重要决策实施时，都会出现涉及不同利益群体的声音，甚至引发社会辩论。这时需要营造公共舆论的影响力，树立政治风向标，引导人们将思想、行动统一到中央的部署上来，把智慧和力量凝聚到中心任务上来。这时如出现与政治背景相逆的舆情，势必会放大舆情所反映事件的社会风险。另外，涉及政治事件、政府决策、政府形象、突发事件、群体事件等的舆情分析都要考虑政治因素，因为这些舆情事件的处置效果均能反映国家形象、社会治理能力，以及公众的态度。一旦出现官员腐败、生活作风问题、不作为、乱作为、脱离群众路线、违法乱纪的舆情，特别是有悖中央决策的舆情，尤需高度重视，要超越事件本身，准确地找到利益关联点，对症下药，准确处置。一般情况下，只要舆情事件涉及政治因素，基层新闻发言人要建议有关部门在回应的同时尽快完成对当事人的调查，发布事实真相，拿出惩处意见，切割不必要的关联和蔓延，表明地方党委、政府的立场与中央的精神、公众的期待是一致的。

案例分析：雷政富不雅视频事件的舆情分析

据社会科学文献出版社和上海交通大学舆情研究实验室联合发布的 2013 年《舆情蓝皮书》报告，2012 年度排舆情热点首位的是重庆官员雷政富不雅视频事件。该舆情事件与一般公民的私生活不同，不再是普通的"桃色"事件，它还反映出个别党的干部公权力腐败和精神状态问题，如处置不当，将严重影响党的形象和执政基础。而且该舆情事件发生在党的十八会议刚结束之后，与贯彻十八大精神的社会氛围格格不入。所以分析该舆情事件要考虑政治因素，必须从快从严处置。因此，11 月 23 日重庆市委研究决定，免去雷政富北碚区委书记职务，并对其立案调查。

（2）媒体因素

基层新闻发言人分析舆情，要分析它带来的反常性、冲突性是否会成为媒体的新闻点，或公众情绪的引爆点。有人说，"只要媒体报道的，再小的事也可能酿造成大危机"。媒体记者通过新闻的内幕、背景放大危机的属性，考验着地方或部门领导、新闻发言人的政治敏感度、新闻敏感性以及舆情处置的决断力。

案例分析：浙江省某干部下乡视察水灾事件的舆情分析

2013 年 10 月 14 日，网友通过微博披露浙江省余姚市三七市镇领导下乡视察水灾，因穿高档鞋由年近六旬的村支书将其背进灾民家的照片。本来网上就有对当地救灾信息不透明的责怨声，这条微博马上成为公众情绪的引爆点，批评声、骂声遍布网络。后来，余姚市三七市镇政府官方微博发布：当事人为三七市镇村镇建设办公室主任王某某，目前已被免职，并给予党内警告处分。

在广泛开展群众路线教育活动的大环境下，出现一个乡干部让村支书背着看望灾民的镜头，表现了某些基层干部思想上存在的大问题。中央电视台著名主持人白岩松直言，"鞋子没进水，脑子进水了"，推动了主流媒体与网上舆论的呼应，放大了该事件的舆论危机。后来，当地试图通过媒体解释"真相"，因为背人者与被背的人很熟，皮鞋也仅几十元，但这种解释在网民亢奋、激烈的批评声中显得很苍白，似有画蛇添足之感。

余姚市三七镇的舆情关联着党的群众路线，关联着党的基层干部工作作风，群众路线、工作作风是媒体高度关注的话题，小事件带来了大舆情。

（3）公众关联因素

我们的现实生活中，存在着弱势群体对执法粗暴、社会阶层分化、生活反差的不满和忧虑，单个的时候，他们的声音很微弱，往往不为地方政府管理者重视，谈不上能够有效疏导，而长期压在大家心里的话语需要出口，一个偶然事件的出现，马上会引发人们对号入座，形成情感上的关联，他们不约而同地把对某个领域或某个阶层的怨气集中倾泻这个事件上来，形成公共舆论危机，造成舆论处置压力。一般情况下，司法事件、公共卫生、经济事件、民生事件与公众利益关联较大。

案例分析："史上最牛钉子户"舆情分析

"史上最牛钉子户"——重庆市九龙坡区杨家坪鹤兴路17号的房屋产权人杨武、吴苹夫妇因拒绝拆迁，开发商将他们家周围的房屋拆除，使得219平方米的二层小楼成为10米深的楼盘地基中的一叶孤舟。2007年3月19日，重庆市九龙坡法院裁定，3月

22 日之前，杨武必须自行搬迁。而 21 日下午 4 时许，杨武爬进自己早已不再居住的房子，往屋里搬进液化气钢瓶、桶装水、炒锅、床板等生活用品，准备与小楼共存亡。消息传出，各大媒体派出记者聚集在拆迁现场，围观事态进展。

如果孤立地看，杨武、吴苹仅是两人，一幢旧房，与社会其他公众关联不大，不足以引起媒体和公众的关注，但全国因物权得不到有效保护而担忧的人有多少，饱受拆迁痛苦的人有多少？他们借助重庆拆迁事件，站在杨武、吴苹身后以不同的方式进行声援，发帖、评议，加之媒体报道，杨武、吴苹夫妻与公众利益形成了不可低估的关联，引发公众、媒体关于"公民财产权保护"的舆论热点。当年，《南方周末》举行"共同寻找和关注那些对中国的进步和我们的生活产生重大影响的人"，吴苹等人榜上有名。

在网络世界，人人都想抢占"麦克风"。然而，人与人之间的素养和文化程度存在差异，人们生活的背景也不尽相似，对社会认知和具体事件的分析也会不一样。所以，出现舆情，要充分考虑公众的情感关联，否则，基层新闻发言人的声音也会被"吐槽"淹没！

（4）组织内部因素

我们在处置舆情的时候，常常发现某一个事件被媒体持续关注，不断爆料，环环相扣，问题不断，基层领导、新闻发言人往往只能被动地去应对。搜索网络，也没有发现公开的舆情，记者却什么都知道，什么事、症结在哪里、该采访什么部门、主管领导是谁、电话号码多少，门儿清。这时，基层新闻发言人要从所在的地区、部门内部找到利益关联单位，不能孤立地分析舆情，避免简单回应后出现被动。处置来自内部的舆情还要考虑其背景的复杂性。随着当下改革不断深入和市场竞争日益激烈，避免不了来自于内部的利益冲突，一些人不是靠工作实绩来公平竞争，让服务赢市场，总想垄断机遇，获取自身最大化利益，于是就借助强大的外力或媒体介入，放大对方的缺失，破坏对方形象，压抑对方话语权，通过舆论跷跷板效应，满足利己的需求。

一般情况下，经济事件的内部利益关联舆情较多。

案例分析：同业竞争的燃气公司

某县有两家同业竞争的燃气公司，一家来得早，想垄断经营；一家来得晚，想扩大地盘。按说竞争带来价格与服务的优化，市民得实惠，是好事，可双方都不甘既得利益受损。于是，今天来个媒体要曝光某燃气公司手续有问题，明天又来个媒体要曝光另一家燃气公司存在安全隐患。开始，我们接待媒体分别解释、回应。后来发现媒体的背后均有企业操纵的迹象，他们站在行业内部挖掘对方信息，组织人员对外爆料，这些信息绝对真实、准确。一次，某小区出现燃气管道起火事故，几家媒体要报道，但在基层新闻发言人有效的引导下，舆情没有蔓延。可与这小区燃气管道"八竿子打不着"的另一家企业负责人却找到县政府新闻办公室，满脸责怪，你们怎么向着对方说话？新闻办负责人理直气壮地告诉他，当你们出现问题时，我们不也站在你们的角度帮助完善制度的吗？后来，该县政府新闻办负责人介绍，如果不是企业责怪我们，我们还不知道舆情的内部关联。现在只要有媒体采访某燃气公司问题，我们会首先分析是否与另一家有关联。

3. 舆情事件的定险

根据舆情的风险程度，我们可将之划分为 4 个层级：非常态型（Ⅳ级）、警示型（Ⅲ级）、风险型（Ⅱ级）和危机型（Ⅰ级），并依次采用蓝色、黄色、橙色和红色来加以表示。

分析舆情，准确划定风险层次，有助于合理解决问题，是本着实事求是精神，对政府负责、对媒体与公众负责的积极姿态。一般情况下，出现非常态型（Ⅳ级）舆情，媒体、公众对该事件关注度较低，传播速度慢，其影响局限在较小的范围内，只要尽快将当事人反映的问题处理好，可以不通过媒体公开回应；出现警示型（Ⅲ级）舆情，媒体和公众对该事件有所关注，但传播速度及影响在可控范围内，这时要引起警惕，密切关注，及时回应，表明处置态度，可以避免舆情人为地升级；出现风险型（Ⅱ级）舆情，说明该事件已引起媒体、公众高度关注，涉及严重违法乱纪或重大公共安全等敏感话题，处置不当会影响党和政府形象，不仅要积极回应，公布现场真实情况，还要尽快拿出初步处置意见，给舆情釜底抽薪；出现危机型（Ⅰ级）舆情，指出现重大人员伤亡或不良的政治事件，境内外媒体、公众关注度极高，对事件现状和处置出现多个层面的质疑，专家发声，重量级传统媒体跟进，社会舆论或能演变成群体事件，高层领导往往会做出具体批示，地方领导也极有可能要承担责任，这时要根据解决问题的进度来不断发布信息，引导舆论，控制事态发展，体现地方政府或部门负责人的担当。

案例分析："12·9"特大道路交通事故舆情定险和信息发布

2012 年 12 月 9 日，商丘交通运输集团有限公司一辆客车坠入民权县南华路南侧水塘内，经民权县公安、消防等部门救援，截至 10 日上午，23 人脱险、12 人死亡。当时，众多记者赶赴现场，网上各种传闻杂乱。

我们首先定性这是一起突发事件（特大交通事故），尽管是局部的事件，因涉及 35 人的生命安全和财产损失，媒体、公众对后续的处置关注度高，舆情定为危机型（Ⅰ级）。处置上需要根据抢救、医治、事故调查、善后赔偿、追责的进度来不断发布信息。

9 日下午，发布事故发生的时间、地点、经过、抢救进展和省市领导重视、启动应急处置机制等信息。10 日上午，发布脱险、伤亡人员名单。10 日下午，发布河南省政府成立由省安监局牵头，省公安厅、省交通运输厅、省工会、省检察院等部门组成的安全事故调查组，全面开展调查处理工作，商丘市、民权县也及时成立了相应的组织配合调查等信息。11 日上午，发布国家安监总局、公安部、交通运输部等相关部委派出工作组赶赴民权县，指导事故的调查处理、善后工作等信息。14 日上午，发布 23 名受伤人员中已有 18 人康复出院、遇难者理赔及善后工作正在进行等信息。16 日上午，发布"12·9"重大道路交通事故主要原因，系客车超速行驶、遇紧急情况采取措施不当导致，肇事司机因涉嫌交通肇事罪被依法刑事拘留；肇事客车所属公司 7 名相关责任人因涉嫌重大责任事故罪被刑事拘留等信息。

4. 甄别谣言与失真的信息

由于网络信息传播的即兴性，以及网络传播内容的审核管理不严谨，基层新闻发言人面对海量的舆情难免遇到谣言或失真的信息，这就需要通过努力学习、实践，练就一双"火眼金睛"，识别谣言与虚假信息，及时回应、澄清、驳斥，从而避免给地方政府和部门形象带来不必要的伤害，避免使公众受误导带来生活的困惑与焦虑。

案例分析：商丘市某起交通事件舆情中的失真信息

2016 年 6 月 5 日 20 时许，商丘市居民马某与其妻子齐某带着 3 岁的儿子在神火大道宜兴路口由东向西步行通过马路时，被一辆由北向南行驶的越野车撞击，事故造成齐某当场死亡，马某与其儿子受伤，肇事车辆逃离现场。事后有人在微信圈传播，称 X 局长带着你儿子自首吧，题目贴上显著的"官二代"标签，内容还把"我爸是李刚"扯上，舆情迅速蔓延。经过与相关单位核实，肇事司机"官二代"身份是有人为吸引社会关注的"炒作"。市政府新闻办进行舆情定性分析，由于网民大多同情伤亡者，他们在网上呼应频频，若搁置不处理，将会给政府、执法单位带来形象损伤，于是致电交警支队应做好回应。6 日，商丘公安局交警支队官方微博、微信发布，经群众举报，民警发现肇事车辆在神火大道市教育局门前停放，肇事司机已不知去向。事故处理大队接到报警后，值班民警迅速赶到现场进行详细勘查，并将肇事车辆带回进一步检验鉴定。经查，车主周某，28 岁，商丘市梁园区人。当晚民警赶到周某家里，家中无人。公安机关已成立专案组进行侦破。9 日，商丘公安局交警支队官方微博、微信再次发布，在公安机关和各方的强大压力下，肇事嫌疑人周某于 9 日早晨到公安机关投案，公安机关将依法公正办理本案件。

　　基层新闻发言人在发现舆情时，判断其消息是否谣言，首先看有无新闻必须具备的五个 W，即时间、地点、人物、事件、原因等要素，如果发现舆情像个无厘头的小品，就可以质疑其真实性。一般情况下，实名爆料的网友与本地发帖的网友，消息的可信度相对较高，因为可以验证。验证前要对这些网友的发帖记录、删改记录、网上互动关系进行查询，了解他们真实的社会关系。也可以借助网友的跟帖评论，或与互动社区的管理员、版主沟通，求证事件的真实性和发帖网友的可信度。还可以与其他地方的媒体记者站、政府网站、官方微博、地方机关人员，以及现场公众核实信息源。另外，信息的描述，没有体现当事双方的客观性，过于片面、失衡、情绪化，也要考虑其信息的真实度。

　　真相，是基层新闻发言人处置舆情的基础。面对舆情，不管其来得凶猛还是温和，基层新闻发言人都要经过认真的核查、分析，只有准确掌握事件真相，理清是非曲直，才能实现打击、遏制谣言与虚假信息的传播。

第七章 基层新闻发言人如何处置突发事件

面对突发事件，任何地方或部门的领导、新闻发言人都应有清醒的认识，舆情事件处置不当会蔓延重创本地区、本单位的形象，处理得当，顺应民意，同样可以再次赢得公众的理解和支持，重塑良好形象。所以，发生突发事件或其他异常事件，各地、各部门领导和新闻发言人要及时启动应急机制，积极参与处置。

一、突发事件处置的原则

突发事件从出现舆情到舆论危机的形成一般有四个阶段，即：事件发生、记者介入、社会热议、责任后果。记者介入、社会热议，是舆论形成的关键点。基层新闻发言人要认真研判舆情，准确把握这四个阶段，分阶段地采取针对性措施，实现舆情管理前置，优化引导效果。

1. 时间原则

"成功的舆情处置领导不一定能记住你，但不成功的回应领导一定记住你。"笔者在多次舆情管理培训班上这样讲。根据多年经验，深刻体会到，基层新闻发言人的回应再成功，实际上对舆情的反应或处置已经慢了半拍，毕竟形象的损伤已经形成。实践证明，回应只能算是舆情处置的"补丁"。"补丁"是必需的，但不是万能的。

及早发现舆情，把危机化解在舆情的萌芽阶段，这将会是最"经济"的有效手段。目前，有很多学者对舆情处置的最佳时间进行了研究、定位。有以传统平面媒体报道的"黄金48小时、24小时"为处置第一时间，有以新媒体环境下的2小时为第一时间。但基层新闻发言人与中央部门新闻发言人最大的不同，就在于很多情况下他不是在看到报道后才知道发生了什么，而是在突然事件发生后、记者采访时就知道将会发生什么，或是在重大决策实施前就能与利益相关者进行面对面交流，这是一个时间的提前量，处置可在舆情产生前。所以，对于基层新闻发言人而言，黄金时间不是舆情发生后的几小时，而是媒体报道或者说是媒体介入前。发言人在接待前来采访的记者时，就应该通过提供全面、客观、真实的信息、线索和素材，影响记者报道的内容和倾向以及利益相关者的态度。

（1）重大决策的意见征询与及时解读

近年来，商丘市要求各地各部门坚持科学决策、民主决策、依法决策，涉及民生或公众利益的重大政策出台前，相关责任单位一定要通过吹风会、意见征询、听证座谈、调查研究、媒体宣传等形式，充分了解社会公众的意见、建议及舆论反应，从多个层面宣讲，努力扩大社会共识，做好舆情风险评估，制定应对工作预案。在正式发布的同时，相关责任单位还要召集专家通过研讨会、接受访谈、发表文章、宣讲等方式提供权威性解读和评论。

案例分析：《商丘古城保护管理条例》的解读工作

商丘古城建于明朝正德六年，有500多年的历史，是全国城郭、城湖、城墙保护完整的六大古城之一，国家重点文物保护单位，周边还有世界文化遗产大运河商丘古城南关段、国家重点文物保护单位周代宋国故城遗址。但这不足 2 平方公里的地方居住了大约 5 万多人，商铺、作坊林立，规范管理十分困难。在众多有识之士呼吁下，相关部门共同起草了《商丘古城保护管理条例（草案）》，这也是商丘市自 2015 年 11 月 26 日享有地方立法权后制定的第一部地方性法规。商丘市人大常委会非常重视，多次组织专家、相关利益者参与讨论，召开听证会。2016 年 4 月 6 日，商丘市人民政府法制办公室又在商丘日报等多家媒体发布征求意见的公告。经反复修改，该条例报省人大常委会审议批准后颁布。8 月 24 日，商丘市人大常委会组织新闻发布会，市人大常委会主任周树群、副主任王琦、副市长张驰亲自参加，回答记者提问，还安排市人大法工委、政府法制办、规划局、旅游局、文物局专家分别从立法、守法、开发、保护等角度对条例进行解读，并介绍条例形成过程。此条例涉及多人、多部门切实利益，但传播、宣传的过程很平稳。商丘人大常委会的做法既保障了公众对人大地方立法工作的有序参与权益，也提高了广大群众和社会各界对古城保护、管理、利用的热情。这说明，重大政策做好意见征集和解读工作，可以减少决策与执行以及公众利益之间的冲突，从源头上避免舆情。

（2）面对突发的舆情事件，在记者介入报道时即做好沟通与处置

舆情事件发生后，基层新闻发言人要努力把公众关注的焦点在记者介入报道时解决，把维护群众利益的做法导入需要发布的信息核心，强化与记者、公众的沟通，促进矛盾化解，预防舆情出现"跷跷板"现象，降低舆情热度。

案例分析：商丘某学校拆迁事件舆情分析与处置

几年前，某学校新址涉及拆迁，一位民工被砸死，听说有记者前往采访，笔者被领导安排去协调、沟通。当时现场一片狼藉，村民们尽管都领取了周转房补助，但为了节省开支，在雪地里搭起了一片白皑皑的塑料棚。钻进棚里，有些村民的床下还有冰雪。笔者心想，坏了，有了这个场面，纵然一百个理由，无论放到报纸或网上，舆情焦点很可能变成地方政府漠视群众生活，形成巨大的压力。

笔者与相关单位分析舆情：（1）该项目手续不全，从法理上输理；（2）民工非正常死亡，从情感上输理；（3）村民们大雪天住在田地里，从视角上输理。在处置上建议：（1）与记者做好沟通、解释；（2）尽快安抚死难者家属；（3）动员住在塑料棚里的村民连夜住进房子里去，立即停止拆迁。

最终，让记者感知地方党委、政府有诚意的，是温暖的，在记者介入阶段形成"舆论监督不是为了曝光，而是解决问题"的共识，舆情"没出村"。

有人问，所谓的沟通，具体怎样做？

前边讲过，沟通主要是通过正面、积极展示政府所做的各种努力，或将背景、困难、解决问题的材料提供充分，让记者的报道客观、公正一些。有人认为沟通就是"潜规则"，其实"潜规则"是惯出来的，政府做了不对的事情，就要勇于去担当、去改正，这样才能真正赢得媒体、公众的理解和支持。死扛、不认错、不改正，到头来，形象受损的是政府。当然，在沟通中让记者明白，政府把工作做好了，把问题解决好了，有些普通事件可以不用报道；有些难事一时解决不了，但政府尽力了，媒体也可以不报道。即使报道了，也会提到政府的为难和尽力，不会对政府形象产生较大的负面影响。

由于工作性质，笔者也会偶遇用"好处"来打探负面消息的记者，笔者都会把他们拉入黑名单，因为这种"友好"的目的已不单纯。基层新闻发言人自身的立场和信仰一定要坚硬，有自己的底线。2013年，因涉及新闻敲诈、有偿新闻和虚假新闻等问题，全国有216家报刊被查处，49个记者站和14455个记者证被注销。这说明，媒体记者队伍中也有一些不合格的，他们终会被依法依规处理，所以不要轻易"中招"。

（3）面对突发事件，基层新闻发言人应及时向上级部门请示汇报

出现重大的突发事件或敏感舆情，影响将不局限于本地区或本部门，负责现场处置的地方和部门领导在关注媒体动向的同时，要及时向上级部门请示汇报，1小时内做好新闻发布准备。上级部门站位高，舆情处理经验丰富，能够利用的媒体资源也更多，有助于舆情的引导与把控。

案例分析：某干部包养"二奶"事件舆情分析与处置

2013年1月21日，有人在网上发布某退休干部不雅照，称其为商丘的"雷政富"，并举报其经济问题。当时，各大网站首页出现不雅图片，有些媒体还直接在标题上将其与重庆"雷政富事件"联系在一起，社会关注度高。众多都市类媒体记者云集商丘，随时准备根据线索播发报道。这个舆情，又发生在中央刚刚发布的八项规定和加强反腐败之际，需要重塑风清气正的形象大环境下，势必会带来媒体、公众的强烈关注度。省里正在召开人大、政协

会议，此事处置不当，将为全省"两会"带来不和谐的因素，这也将会是各位代表关注的焦点，作为地方对舆情已具有不可控性。

市纪委的同志与笔者一起研判舆情。笔者给他分析，基本事实存在，舆情中反映的无论其生活问题或经济问题都是有违党纪国法的。长期以来，公众对部分党政领导、国企高管的奢侈、腐化作风表示强烈反感，该舆情将反映公众对党和人民政府思想作风、工作作风、生活作风整治的认识，不管内在原因如何，已不是个人生活不检点的问题了，它关联我们党和政府的形象、公信力，处置不当，很容易造成人们共享价值信仰层面的崩溃，该事件应定位为风险型（Ⅱ）级。

当时，商丘市委宣传部、政府新闻办公室立即与上级相关部门汇报，争取支持。由于省委宣传部、省政府新闻办的及时沟通，中央、省属媒体均没有跟进，为后续的舆论危机处置带来了有利条件。

商丘市这样的做法，不是为了让媒体却步，或掩饰、包庇某干部丑闻，而是避免媒体记者的"一窝蜂"跟进，造成多轮炒作，从而把对地方公务员队伍的形象伤害"止"在最小范围内。相应，商丘及时发布开除当事人党籍、公职等处分和司法部门对其经济问题立案调查的信息，体现了党纪国法威慑力，有效引导了舆论。

一些地方或个人因工作不到位，方式方法不对，造成地方形象受伤害，当事人前途受阻，这种后果是大家都不愿看到的。党和国家培养一个成熟的基层干部很不容易，一个地方的形象受到损伤也需要很长时间才能修补。

如果通过良好的沟通和寻求上级的支持，在媒体的监督下改进了工作，也是有积极意义的。当然，对"披着共产党员的外衣，干着反对共产党的勾当，吃着共产党的饭，砸共产党锅的这些人"，或严重违法乱纪、不遵守中央"八项规定"的人和事，基层新闻发言人也要爱憎分明，支持舆论监督。

（4）面对突发事件，对于发布的信息，基层新闻发言人要把控主次关系

突发事件发生后，记者如果不能获得政府的意图（信息）或所采取的措施，而是通过非政府（官方）渠道获得的信息进行报道，有可能形成片面或不实的舆情，引发公众或其他媒体的迅速跟进、炒作，放大舆论危机。因此，地方政府发布的信息很重要，一定要找到公众最关注的内容，如果不能满足公众的信息需求，所提供的内容单一、片面，成了媒体或公众的"不爱"，或许也会带来灾难外的新舆情。

案例分析：河南省长垣县火灾事件的新闻发布

2014 年 12 月 15 日，长垣县一家 KTV 发生火灾，由于处置及时，没有产生重大人员伤亡事故。按说火灭了，信息发布了，此事应该告一段落，但出现了意外。这次引发公众强烈关注的不是灾情，而是当地政府网站上发布了两条信息。第一条 126 字，讲述当地县领导如何重视、亲自到现场指挥的文字占到 74 字。第二条，8 行文字的内容，有 4 行是该县领导如何处置火灾事故讲话要点。《中国青年报》评论员曹林说，只想着灾难发生后领导是多么重视，以这种"高度重视"去维稳和引导，就是正能量了吗？错，虽然在记者看来是"正面报道"，却让公众无比反感，传递的其实是损耗党和政府形象、伤害人心的负能量。

出现灾难事故，第一时间发布的基本信息，要包含事故发生的时间、地点、类别、人员伤亡、财产损失、已采取的应急措施和存在的问题等主要事实。教育部前新闻发言人王旭明说，"突发事件的新闻发布，领导不要和伤亡人员、灾情介绍、救援抢版面。"千万不能漠视事件的本身以及前后处置的状况，颠倒主次关系。因为公众了解到领导重视即可，公众更关心的信息是发生了什么、现场状况、伤亡涉及谁、事发原因、对自己生活会不会产生影响以及将如何调查追责。

（5）面对突发事件，要及时获悉各种舆情并跟进

目前，舆情大致来源于网站的地方论坛、贴吧和互联网新闻、微博、微信、QQ群、移动APP，以及传统媒体等。中国传媒大学互联网信息研究院根据对2014年4783个网络舆情热点话题的分析得出结论，新媒体、报纸是舆情热点的首曝途径，分别占比53.1%、35.7%。在海量的信息中，一旦发现有损地方政府或部门形象的舆情，基层新闻发言人要迅速赶赴现场，与一线负责处置的领导保持联系，采集信息，关注事态发展，或者通过科技手段，做到时时监测、甄别，分类统计观点的倾向性，分析其关联组织承受度，争取第一时间坦诚、主动地回应媒体的关切。

有时，即使是地方或部门道歉的回应，也应及时，这样不仅不会矮化自己，反而表现出态度的真诚，对媒体的尊重，对公众的尊重。如果已定性的问题，千万不要说半截留半截，否则会受到公众不必要的质疑而陷于被动。对待媒体和公众的质疑，地方或部门既要有好的态度，又要有好的方法。

2. 导向原则

突发事件具有突发性、复杂性、破坏性的特点，任何一点风吹草动都有可能成为民众和媒体关注的焦点。人们在突发事件中对政府的信息存在

天然的信任与依赖，政府对突发事件迅速发布信息，告诉人们发生了什么，其原因、过程、涉及的人员、救助和处置的状态，满足公众信息需求，就可以有效把握舆论导向，引导社会理解和支持政府的工作。

（1）坚持正确舆论导向，引导公众向上的信心

公众是突发事件的受影响者，也是突发事件处置、善后的参与者。坚持正确的舆论导向，就是依靠真实客观的信息，用群众的语言，通俗易懂地宣传介绍党和政府的政策举措，获得广大公众的理解与支持，从而凝聚公众力量，更好地处置突发事件。

（2）坚持发布客观、准确、全面的信息，引导正面的舆论

突发事件中遇到不利的舆论，不要企图粉饰或怕得罪人，遮遮掩掩地辩解。基层新闻发言人要充分利用各种媒体，抢抓时机，通过各种方式发布客观、准确、全面的信息，自己有错必改，在媒体失误时，不管其背景多么强大，也要敢对其发声，坚持正面引导，相信大多数的媒体和公众在是与非面前的判断力。

商丘市在相关规定中要求所属媒体，因刊播失实信息造成负面影响的，要及时刊播更正信息，消除影响；对蓄意炮制和炒作虚假信息，转载、转播违规报道和虚假信息，造成恶劣社会影响、损害国家和公众利益的，要依纪依法追究当事人和单位负责人责任。

案例分析：商丘市梁园区处理不利舆论

2013 年 10 月 31 日，中央电视台播出报道"河南商丘：两人管一公里 马路成为运管所提款机"。消息出来后，上了各大网站的首页，给地方形象带来了很大的损害。

仔细看这段视频，它以河南省永城市一家运输公司经理刘新

闻举报江苏省徐州方面公路乱收费为背景，其主要内容，包括司机与交警和运管对话、罚款的画面都拍摄于江苏省徐州市铜山区、贾旺区，但央视的导语和结束部分把乱收费的根源和矛盾悄然转向商丘市梁园区，称其管护的公路只有110公里，执法人员竟高达200人，对问题进行了"移花接木"。该区运管所机关和执法人员是有200多人，但不可能都去上路执法，他们毕竟还要负责其他业务。梁园区委宣传部负责同志在与记者沟通时指出，尽管地方政府在公路管理上存在着这样和那样的问题，但该新闻存在标题夸大其词、导语片面、内容叙述不准确等严重错误。在事实面前，央视记者也意识到了有不妥的地方，再三道歉。后来，梁园区通过官方网站和其他媒体，发布了运管所机关和执法人员使用、分布情况，引用了央视记者道歉语，舆论膨胀的热度得到了有效遏止。

（3）坚持公平、公正地反映不同群体诉求，引导社会稳定

舆论危机往往涉及多个不同的利益群体，他们有着各自的立场和要求，基层新闻发言人在处置此类舆情时要公平、公正，特别要考虑弱势群体的利益。

"巴松狼王"博主是北京市环保局原新闻发言人杜少中，由于多年坚持说真话、实话，真心考虑不同群体的诉求，面对网民质疑、困难不遮掩、不绕圈子，也不回避矛盾，能够真正放下官员的架子，做好耐心解释，最大限度地传播正面信息，吸引粉丝过百万。原北京市政府新闻发言人王惠说，"在开设微博的官员中，我很欣赏杜少中的微博，是因为他高度的责任心、勇气和智慧。他这样做既是为老百姓好，也是为了政府好。

他的做法使我相信，在微博上遇到公众反映困难和问题的时候，官员更要坦诚。"

舆情是无形的，但它代表公众的看法、利益，公众通常会根据各自的价值尺度、经验水平来对事件进行评判，它的趋势不可能与政府的立场完全一致。基层新闻发言人要在深入调研和充分沟通的基础上，了解核心利益者、相关利益者的不同反映，把握他们有形和无形的要求，既要坚决捍卫党和国家的利益，又要解决群众的实际问题，做好有利于社会稳定的舆论引导。

3. 层次原则

有时，由于舆情发生地、处置单位或责任方涉及面广，背景复杂，不是一个地方或一个部门能说清的，为提高政府公信力，及时引导舆情，稳定公众情绪，避免多头发布造成信息混乱，这就要求新闻发布分层次或联动进行。

新闻发布应对的层次划分，应该考虑以下几个因素。

（1）属地管理

2003 年 5 月 7 日，国务院出台的《突发公共卫生事件应急条例》规定，突发事件新闻发布工作实行属地管理，由各地各级政府新闻办公室代表政府行使突发事件新闻报道的协调和管理职能。突发事件处置所在的属地，地方政府能够掌握综合信息和有效资源配置，发布信息较为全面。

（2）分级负责

地方发生突发事件，可以根据舆情发展的若干阶段，进行分级发布，避免舆情不必要地延伸。若第一线能担责或说清楚的，特别涉及业务、专业化的部门，尽可能将公众、媒体关注点吸引在这个层面上，这样容易就事论事把问题摊开，让大家很快了解情况。

案例分析：商丘市民权县手足口疫情发布实例

2009 年春，民权一带发生大面积的手足口病，由于县人民医院个别医生责任心不强，没有将实情及时上报，甚至在病历里也只字不提，造成疫情蔓延。同时，民权县疾病预防控制中心还打着预防手足口病的旗号，高价推销初乳胶囊保健品。

中央人民广播电台等媒体曝光后，卫生部新闻办公室马上发布"卫生部将组织专家赶赴河南省民权县调查指导手足口病防治工作"的信息，眼看要形成重大公共卫生舆论危机。笔者与该县县长沟通，建议他们采取分级负责的原则，从医院、卫生局、县政府三个层面，分别对媒体、公众的关切进行回应。医院首先发布由于设备落后，经验不足，医生对疫情认识不够，主要医生被停职，科室主任、主管副院长检讨或请求辞职等信息，并呼吁上级医疗机构给予技术和设备方面的支持。随后，县卫生局针对县医院、疾病预防控制中心处理意见发布第二波信息，即对县医院、疾病预防控制中心主要负责人处理的通告，以及目前全县患者人数、疫情防控状况，并表态要加强对患者快速诊断、救治。同时，通过各种传播途径发布第三波关于手口足病防治的信息公告，提高大家对手口足病危害的认识，广泛宣传防范措施，要求各乡（镇）医院、村区医生做到逐校、逐户、逐人排查，做好认真统计和患者跟踪服务。县政府新闻办公室马上发布第四波信息，通报全县排查、救治和疫情控制情况。到此，舆论危机基本缓解。紧接着，县政府进一步表态，接受卫生部业务指导和媒体监督，主管卫生的副县长诚恳地向广大患者及家属检讨、道歉，承诺将加大全县基层医疗设施投入，做好公共服务，加强对疫情防控的上下沟通与督导。

民权县实行了多级多个层面发布、回应。医院主动检讨，从专业角度来讲是客观的；卫生局从业务角度发布全县疫情、防治举措，表现行动在落实；继而，政府表态，向公众传达能够战胜病疫的坚定信心。他们从多个层面传达出地方政府为民服务是认真的，采取的措施是积极有效的。

分级负责是实事求是精神的体现，是为了能够及时、有效地阐释清楚舆情的前因后果，但不能将之当作推卸责任的防洪堤。分级发布要环环紧扣，在最初的阶梯发布效果不佳时，上级、上上级必须迅速站出来，举行第二波、第三波发布会。必要的情况下，地方主要领导要主动出面表态，增强舆论引导力度。

（3）分类管理

新闻发布实行分类管理，可以避免发言人说外行话或出现口径不一的现象。由于各部门所从事的专业、运行管理模式的不同，应尽量避免跨行业发布，避免外行人说外行话。

新闻发布分类管理，一般会筛选熟悉业务的新闻发言人出席，能够及时释疑解惑，减少公众质疑。有时，会出现多部门业务交叉的情况，地方政府要统筹安排，指定业务工作量较大或公众质疑较多的部门发布，也可以所有相关的部门都参加发布会，但这时，一定要做到谁该说什么、不说什么、说到什么点位，事前作好分工，统一口径，不能出现记者提问时面面相觑或相互推卸责任的状况。

（4）分阶段发布

新闻发布要根据政府工作进展及时开展，一般分为政策决策（征求民意）、政策出台、政策实施初期（取得初步成效）、实施中期、实施结束几个阶段。对于突发事件，要按照"快讲事实，慎讲原因"的原则，根据处置的进展，分阶段、不断地发布相关信息。如果出现人员、财物等数额的差错应及时更正，这种情况一定要说明缘由，不能让人感到"翻来覆去"不严肃。

基层新闻发言人面对复杂的舆情，弄清一部分，先讲一部分，一般情况下不搞预测，不轻易定性下结论，不说主观愿望的东西（特殊情况下，估算灾害状态也未尝不可，但要申明是估算，将来会不断校正数字），通过层层推进，把事实讲清楚，把性质定准确。

（5）纵横联动

遇到较大的舆情，为有效把握舆论导向，形成合力，基层必须建立重大舆情报告制度，加强上级部门"纵"的指导和同级相关部门"横"的配合，形成上下级和相关部门联动的新闻发布协调机制，及时化解舆论危机，或营造强有力舆论攻势。

4. 统一原则

处置突发事件，面对媒体和公众的关注，最可怕的是发布信息后政府内部出现内容不一致的表态，引发媒体和公众的质疑，放大危机与风险。

处置突发事件，成立指挥部时要考虑设立新闻中心和新闻发言人，统筹整个突发事件的新闻发布工作，实行归口管理。基层新闻发言人要参与新闻中心工作，必要时可以作为新闻中心新闻发言人，要给指挥部领导提供正确的决策、信息发布的依据和舆情实况，负责新闻发布的规划、记者的接待和现场的采访管理。指挥部各成员单位也要积极地为新闻中心提供信息，没经新闻中心同意，不允许多头发布或未经授权私下接受采访。

新闻中心要及时公布新闻中心地点、联系方式，有专人负责做好记者接待，提供必要的稿件处理系统。有专人负责接听来电、监看网络舆情、及时回电或回复网民电子邮件，做好解疑释惑和舆论引导。要根据现场工作进展，及时发布信息。发生突发事件，记者来到现场，要组织好记者接待、采访申请受理、现场采访管理、提供新闻通稿或新闻线索素材等工作。

二、突发事件处置过程的特例

在多个培训班上与大家交流中，一些有经验的基层发言人和舆情研究的老师反映，有些事情按国家有关要求，也参照了某些舆情应对的教程，舆情还是防不胜防出现了。为此，笔者整理了两个较为特殊的案例。

1. 在"情"与"理"的框架中处置舆情

2013 年 9 月 17 日，甘肃省张家川自治县初三学生杨辉在微博上对该县一名男子非正常死亡质疑，被警方刑拘。其依据是最高人民检察院、最高人民法院关于利用网络散播诽谤信息被转 500 次、浏览 5000 次可构成诽谤罪等司法解释。网络消息经传播后，迅速形成舆论热点。《人民日报》公开发表文章痛批"歪嘴和尚念歪经"。23 日，公安部发布消息，该学生无罪释放。后来，网络上又曝出张家川自治县政府办公楼奢华、公安局局长白勇强曾因涉嫌行贿 5 万元没被处理等信息，铺天盖地的舆论压力超越了张家川自治县公安局刑拘初三学生杨辉事件的本身。甘肃省有关部门发布将对张家川自治县政府办公楼进行审计、公安局长被处理等信息。

也是这同一天，有人在网上散布柘城县第二高级中学千名学生抢砸食堂、超市等不实信息。商丘没有从舆情表面认定性质，而从教育内部管理入手，查找自身原因，以解决潜在的问题来回应舆情。商丘正确处理事件的"情"与"理"关系，辩证地分析问题、处理问题，慎防"火上加油"。既成功化解舆论危机，又避免了社会矛盾激化和媒体恶意炒作，还保护了未成年人，其结果获得社会的称赞。

公众对不明真相的事件有质疑或反映自己对某个事件不满的权利，即使与事实有些偏差，只要不是恶意捏造、煽动，不要动辄以"法"追责。

2. "标签"式舆情处置

有些记者为了报道能够在传播中被顶置、转载，往往会借助曾经出现过的社会热点，采取"贴标签"、"傍新闻"等手段，将个体事件放大到某个层面。实际上，有时候事件的本身尽管并不像舆情那么严重，但处置不及时，也有会被放大舆论危机，带来可能的"媒体审判"后果。

2016 年 6 月 1 日晨，笔者从微信的"朋友圈"里发现《商丘被环保部约谈后某县小搅拌站依然遍地开花，露天生产扬尘严重》的信息。打开链接，看到文中介绍了商丘市在 4 月底被环保部约谈后采取了大量行动，但该标题反映出商丘市在被环保部约谈后，整改方面存在"不作为"现象，极有可能成为舆论的焦点。其实，商丘在被环保部约谈后，积极采取了一系列措施，也让群众真实地感受到了环境卫生的大转变，地方媒体也正在持续报道，从侧面回应公众对商丘在环保部约谈后举措的关切。笔者分析：如果该消息仅用某县小搅拌站遍地开花露天生产扬尘严重的标题，或许在传播中不被人知觉，就过去了。可是，被贴上"商丘被环保部约谈后"标签后，一是舆情可能会加速传播，在不明真相的公众中产生不良影响；二是商丘干部、群众苦干一个多月，辛勤劳动的激情将被舆情挫伤；三是该县换届在即，任何领导的批示或处置都有可能导致舆论危机。

笔者随即向主管领导汇报，同时与该县领导联系，建议：（1）加强舆情监控，避免蔓延；（2）对违规搅拌站先封再查，表明整改态度；（3）

对具体监管责任人进行约谈，严肃纪律；（4）与媒体保持良好沟通，邀请记者或第三方在当日前去现场验查整改效果，最好能有后续的公正评价，将损伤降到最低限度；（5）将处置情况在上班后即报市委、市政府主要领导，争取在领导获悉舆情有可能批示前见到处置结果。

当天，澎湃新闻来电商丘市政府新闻办，询问情况，我们将事实、处置情况告知他们，他们后来也没有跟进发稿。

三、突发事件处置现场采访管理应注意的事项

突发事件处置现场采访管理是舆论引导的基础。笔者根据多年实践和对近期各地较大舆情事件的分析，归纳出以下舆情事件处置现场采访管理应注意的事项。

（1）及时发布突发事件前线总指挥及组织机构、主要成员名单、成立新闻中心（能够让公众与媒体看到政府的迅速反应，有助于稳定民心和舆情）。

（2）根据事故具体状态，划定事故处置区和信息发布区。要注意事故现场周围、医院、伤亡者家属集中的地方，这些地方有可能成为第二、第三新闻中心，很多情绪化、碎片化、不实的信息会从这些地方产生。

（3）通过有效证件确定来访记者的身份，摸清现场报道的记者采访了哪些人、掌握了哪些内容。应尽可能规劝记者不要前往抢险、抢救现场，避免影响或干扰救援工作，遇到不友好的记者也不要发生正面冲突。

（4）迅速初步表态，组织新闻通稿。此时的新闻通稿要尽快让人们知道什么时间、地方，发生了什么和现状，要体现政府、部门的态度和处置措施。要多说做法，力求信息清楚简洁，切忌空洞，哪怕是一条百字文的短信，都要避免冷僻生字或易引起歧义的词语。还要通过各种现代手段加强正面声音的传播。

（5）根据事态大小与发展趋势，及时举行新闻发布会或通过政府网站、官方微博、广播电视不停地滚动播出事故处置状况、紧急动员令、救援进展等信息，告知公众目前的困难和需要配合支持的事项。

（6）发布上级领导批示或赶赴现场的信息。

（7）组织影响力较大的1—3家媒体进行现场采访，第三方的信息发布说服力强。对不能进入现场采访的记者，要承诺可免费享有共同资源，确保不影响发稿。

（8）根据舆情分析，确定地方或部门主要领导出席发布会（尽可能不要让负有该事故直接责任的领导出席，避免出现推诿或记者追问的尴尬情景。假若需要，出席发布会后一定要主动担责、检讨、道歉），介绍事故概况，表明处置和追责的态度。

（9）及时发布救援进展情况、伤亡人数、核实的伤亡人员名单，以及监测到的影响人们身心健康的各项指标和防范保护措施。

（10）尽快发布事故对环境的影响，最好邀请专家出面剖析危害程度以及解决的办法，减少周边群众的恐慌。

（11）适时组织报道暖新闻，推介救援中的正面细节（如无偿献血、无偿供餐、医护人员抢救伤员等）。

（12）发布善后举措和受害人或家属态度（千万别自我表扬，文字趋于低调）。

（13）组织人员针对网民的质疑，多作解释、沟通，缓释公众焦虑情绪。新闻中心要及时掌握舆情走势，不要轻易关闭相关的官方微博评论功能或删除网友评论，不要组织人员发布掩盖事实的评论，要容纳多元化的声音。

（14）对不实信息进行驳斥，对恶意中伤、造谣者给予坚决打击（要以事实服众，不要空洞地告诫。如8.12天津港火灾爆炸事故发生后，在公众、媒体追问真相的情况下，天津市网络警察多次发布"将对造谣网民采取零容忍措置，依法严肃处理"公告，结果引发网民的强烈反弹，助推了舆论危机。然而，两天后国家网信办发布查封 360 个散布假信息网站、微博、微信公众号的做法，大家均表示理解与支持）。

（15）要根据事故的状态，做出媒体是否停播（刊）娱乐性节目或文章以及娱乐场所是否休业的决定，避免发生延伸的舆情。

（16）发布事故调查、处理结果。

（17）总结经验与教训，完善舆情应急预案。

案例分析：永城市李新功涉嫌强奸幼女案的舆论危机处置

2012 年 5 月 25 日网上有帖子爆料称，永城市委副秘书长李新功通过网络和社会闲杂人员及学校未成年人，结识、引诱或威吓在校幼女，奸淫多名幼女。2012 年 5 月 8 日 19 时李新功在永城第三中学门口作案时，被刑警现场抓获……

该帖很快被转载数千次，记者从全国各地云集永城。

永城市政府新闻办公室负责同志打来电话征求意见。我们立即启动突发事件舆情处置预案，根据新闻发布属地管理、分类管理的原则，此案侦破、审理、处分等各项发布应由永城市政府新闻办和公检法等部门负责，但商丘市委宣传部、市政府新闻办公室也密切关注舆情，随时提供处置参考意见。

1. 分析舆情，提高信息透明度

通过舆情分析，认为如果引导不当，一定会给永城市市委、政府的形象带来伤害。因为李新功是公职人员，在地方还担任要职，媒体、公众自然会将他与地方党委、政府关联起来。实施信息发布的部门明确统一口径，这是一起个体恶性刑事案件。

由于当时记者情绪较高，召开新闻发布会，一般发布者很难有序掌控局面，况且还涉及未成年人隐私，很多敏感问题无法把握"度"，弄不好，仓促而上或仓促而下，局面更复杂。于是，永城市政府新闻办公室在官方网站相继发布信息。

5月26日，永城市政府新闻办在官方网站发布第一条消息："李新功案件发生后，永城市委、市政府高度重视，要求司法机关依法从重从快严惩，决不姑息。目前，案件正在侦查中，进展情况将及时对外公布。"

5月29日，永城市政府新闻办在官方网站发布第二条消息："根据公安部门侦查，2011年下半年以来，李新功先后强奸未成年女性11名。案件发生后，永城市委已于2012年5月24日免去其市委办公室副主任职务。"

5月30日，永城市政府新闻办在官方网站发布第三条消息："省委政法委、省高院、省检察院、省公安厅有关领导莅临永城督导李新功案件。省政法部门要求，要本着对人民负责、对法律负责的态度，完善证据，规范程序，扎实工作，加快办案进度，将该案办成经得起历史检验的铁案。"

随后，永城市政法部门持续发布了刑事拘留、批捕、公诉信息。永城市纪委、监察局发布"研究决定，给予李新功开除党籍、公职处分"等信息。

2013年6月18日，河南省高级人民法院发布，经最高人民法院复核，判处被告人李新功死刑。

李新功涉嫌强奸幼女案的舆情出现后，我们将其列为I级舆情，密切关注发展趋势。该舆情2天后成为热点。由于经过周密部署，永城方面信息公开，各级党委、政府严惩当事人的态度明晰，记者没有发现新的舆情，开始陆续离开永城，5天后舆情慢慢降温。直至一年后，李新功被执行注射死刑，舆情平息。至此，跟踪一年多的舆情正式结束。

2. 在舆论危机面前把握形象止损点

当时，地方领导压力很大，但有共识，在舆论危机面前及时把握形象的止损点。

（1）尽快公开信息，避免公众、媒体因李新功的身份对永城市委等关联组织产生不必要的误解。

（2）坚持正面信息引导，从永城、商丘，到河南省高级人民法院，多层面发布，信息准确，增强媒体、公众对依法办案的信任感。

（3）对媒体、公众的关切点不回避，在历次发布中，始终坚持以事实和法律规则准确定性，紧扣媒体、公众关注焦点，保证了社会监督的公开透明和处置过程的公平公正，压缩了公众猜疑当地警方会因他的身份包庇或弱化其罪名的空间。

（4）严控侦破、审理细节，切实保护未成年人隐私权，避免了"次生灾害"。

（5）通过媒体披露李新功以自我为中心、阳奉阴违的手段，归结其罪有应得。

"李新功的今日谁的过？""李新功的选拔与重用，谁该担责？"面对媒体汹涌而来的疑问，通过指出李新功的犯罪是个人行为，有效引导媒体报道，切割了李新功与组织单位的关联，成功定位了止损点。

3. 处置舆论危机要巧用"猛药"

在李新功强奸幼女案的舆情处置上，永城新闻办根据案情的进展不断发布信息，还适度加强了舆情管理。同时，设身处地地深刻体会受害者及其家人的痛苦，在舆情的处置上多一些"情商"，什么该说或不该说，严格把握"度"。

（1）发布核心：快讲事实，强调有法必依。要根据案件的进展，通过网络和地方媒体不断、及时地发布官方消息，通知关注此案的主流媒体和已赴永城的记者转发。做到信息该说的，一定说到位。从案发、免除职务、开除党籍，到批捕，以及河南省委政法委、省高院、省检察院、省公安厅有关负责人亲赴永城督办、表态，信息全面公开，向公众表明政府有公平、公正的决心和打击不法之徒的能力。实现了属地发布、分类发布、统一口径等原则。

（2）制定严格的采访纪律。根据相关规定，永城所有中学均设有隐性警戒线，任何人不能干扰教学秩序，所有相关人员均在封闭调查中，按照国家有关保护未成年人的规定，不得接受任何记者采访，记者只能通过新闻发布渠道获悉消息。

（3）善待来访记者。宣传部门成立新闻中心，公开联系方式，保障通讯畅通。为保护未成年人，劝说记者遵守采访规定，坚决谢绝记者与当事人的接触。安排志愿者伴访，从根本上杜绝"次生灾害"的基础。同时，从法理、情感上取得媒体、公众的理解与支持。

（4）做好受害人善后工作。一方面，李新功案件的进展及时告知受害人和其监护人，让他们看到公平处置的结果，释放内心情绪；另一方面，做好受害人的心理疏导，创造健康的生活、学习环境，帮助她们尽快走出阴影。

（5）争取上级宣传部门的支持。舆情出现后，该市第一时间向上级宣传部门汇报，争取加强记者管理，减少外地记者涌入当地。

（6）对待网民的质疑，组织人员在网络上多沟通、多解释，对不实的信息及时指正，让人人都有说话的地方，说理性的话。

第八章　基层新闻发言人如何做好新闻发布

新闻发布不仅仅是党委和政府信息的传播，还是一种文化推介，它是一个组织在认识自我、改造自我的社会实践过程中，创造人们能够理解、尊重、认可、传播的理念与行为。

商丘市在相关的规定中强调，全市涉及民生的重点部门要定期主动向社会征集公众关注的议题，举行发布会可提前预告，适度向本地、本行业有影响的自媒体人开放，扩大公众参与性、互动性，增强政府决策的权威性。一场入目、入耳、入心的发布会，对基层新闻发言人来讲，仅仅"诗情画意"是不够的，还要精心策划、谋略。

一、新闻发布会前的必要准备

基层新闻发言人在确定举行新闻发布会后，要从繁杂的信息中筛选发布主题、提炼有价值的内容、考虑周全的发布过程和扩大媒体传播、取得公众认可等环节入手，作好各项准备工作。

1. 确定新闻发布的主题

新闻发布会的主题是媒体、公众关注的焦点，是传播价值的方向。基层新闻发布要实现制度化、常态化、规范化，必须结合本地区或本部门的年度重点工作和重大（节庆）活动，通盘考虑社会热点和媒体关心的话题，做好每一个阶段的新闻发布规划。同时将方案报送当地党委外宣办（政府新闻办），以便接受指导，还能通过发布主题、内容的衔接，避免不同部门对某一事件出现不一致的说辞。通常一场地方政府发布会，只有一个主题（集中回应一个时期热点的发布会例外）。

案例分析：新闻发布会主题调整

2012 年 7 月，为迎接省卫生城检查，有关单位想召开一次关于清理夜市的新闻发布会。在筹备会上笔者提出，一、本地人喜欢夜市生活的习俗被打破，会感到不方便，还可能带来一些公众认为政府瞎折腾的质疑；二、由于夜市的摊主大多是下岗职工，他们要养家糊口，难免产生怨言，带来记者"生计怎么办"的热门话题，会影响发布会的气氛。如果换成以"加强食品安全、环境卫生综合整治"为主题的发布会，就容易被绝大多数人理解和支持，因为食品安全和环境卫生都是涉及公众切身利益的大事，小家的损失要服从大家的利益，就能减少抵触情绪。而且这个主题，也有利于媒体传播。同时，相关单位还要做好下岗职工再就业、食品安全监管等辅助性政策发布，把一时突击的活动变为持久的举措。笔者的建议被采纳，效果显著。

---

2. 确定新闻发布的时间

基层举办例行的新闻发布会，应注意避开国家重大活动或重要事项推出期，以免公众对地方信息的关注度边缘化，造成发布效果减弱。

一般情况下，媒体周一的版面较为紧张，发稿的压力大，地方发布会的信息会受限；周末的版面公众关注度小，发布会的效果也会被减弱。网站最被关注的时间在 9 时至 20 时，微博、微信发布最被关注的时间在 17 时至 23 时。发布会尽可能放在周二至周四，具体时间安排在 9 时至 16 时前，这样有利于记者从容地参加发布会，并在截稿前完成采编任务。当然，在发现谣言横行或发生突发事件时，应按《关于在政务公开工作中进一步做好政务舆情回应的通知》的要求，在 24 小时内举行新闻发布会。

案例分析：商丘市公安局第一时间发布辟谣信息

2014 年 6 月初，有关部门监测到一条"白娅倩高考准考证丢失"的信息在微信里被转发 11 万多次。尽管是星期天，商丘市公安局还是通过相关媒体发布辟谣信息：1. 教育局招生办公室证实准考证还没有发放，不存在准考证丢失的可能；2. 浙江、江西、安徽、重庆、陕西等地均出现过"白娅倩高考准考证丢失"的情况，前两年，《现代快报》《江南都市报》等媒体均报道过此信息是假的；3. 提醒公众不要被骗子利用，慎防吸费电话。

基层新闻发言人要根据舆情分析，准确把握舆情发展态势，科学安排发布会时间。发布会时长要根据具体内容确定，能短则短，宜简则简，以记者、公众能够清楚了解发言人发布的内容为准。

3. 确定新闻发布的地点

一般情况下，新闻发布会尽可能放在政府新闻发布厅或重大活动新闻中心，这里网络、直播间、摄像台、多媒体放映、同声传译等设备齐全，便于记者及时发稿。如安排在其他地点，应选择交通方便的地方，避免出现堵车，耽误新闻发言人、记者准时出席。

4. 确定出席发布会的新闻发言人

要根据舆情态势、所要发布的内容涉及的地方、部门，确定发布人是部门的新闻发言人，还是业务熟、有传播经验的部门或地方主要负责人。确定出席发布会的新闻发言人一定要熟悉政策、事件处置的情况，有担当、危机应对能力，其身份与舆情态势相匹配。

5. 确定新闻发布的内容

新闻发布会的内容决定传播效果。讲什么，怎么讲，要围绕主题、舆情的需要，根据发布人的角色，量体裁衣，准备合适的发布内容。

发布会的内容一般分三大块。第一部分开场白包含问候语、交代发布会的背景、公众和媒体关注的基本信息，在重大伤亡事故发布会上，致哀、表达歉意也是重要的内容。第二部分围绕发布主题介绍目前取得的成效、事件进展、涉及的人与单位、下一步工作计划。阐明态度、立场、观点、措施等相关的核心信息，对于一些误解、疑虑、传闻、谣言、片面的舆情进行解释、澄清、驳斥。第三部分请媒体记者继续关注或监督舆情的处置，表达地方政府或部门开诚布公的态度。

新闻发布要在叙述中完成沟通和地方形象的塑造或修复。发布内容一般不要超过 3000 字，时间控制在 15 分钟左右（按语速分钟 200 字计算）。当然，这没有严格要求，可长可短，跟着需要走，但一定多讲"干货"。平时要注意不能把内心感想当作事实内容来发布，不能出现"雷言雷语"。尽量现场发纸质材料。同时备份放在公用邮箱里，并告诉他们密码，以备查询、准确引用。

突发事件的信息发布，基层新闻发言人应在处理现场总指挥的统一协调下，及时掌握全面、准确的信息，杜绝套话、空话，尤其是自我表扬的话，不能因不当的内容发布加大公众与政府的情感摩擦冲突。

6. 搜集新闻发布会相关的信息

除了要围绕发布会主题准备相关内容外，基层新闻发言人还要搜集近期网络、媒体对本地区、本部门、本行业反映较多的问题，搜集其他类似发布会常出现的问题，推演各种可能性。如时间许可，还可向较为熟悉的记者征求对本次发布会主题和内容的看法，进一步了解媒体关注的重点。同时，将筛选出的所有问题，一一准备好答案，确保在记者提出后能及时回应。只有信息准备充分，才能在发布时面对"怪、难"等问题不心虚。

7. 确定参加新闻发布会的媒体

发送采访通知，提前告知媒体记者发布会的时间、地点、主题。根据发布会的需要，也可以有选择地通知合适的媒体参加，要因事而异。当然，条件许可，应尽可能让申请的媒体记者全部参加。满足不了其诉求的，一定解释到位，或者创造条件，让他们也能与参会的记者同步获悉信息。有时，由于突发事件现场混乱，碎片性信息较多，举行新闻发布会或许不会收到预期的效果，也可以委托一家有影响力的主流媒体或通过官方微博、微信、网站发布。在举行重大活动预告或推出重大决策的新闻发布会，也可以适当扩大记者和"自媒体人"参加的范围，拓展传播途径。

8. 确定新闻发布会需要的统一口径

基层新闻发言人不能强制记者完全按照自己的定式去思考、理解、传播。出色的记者，都是以犀利独特的视角、逆向思维而闻名，提出的问题往往尖锐、敏感。新闻发言人的回应技巧可以多变，但信息的真实性不能变，信息对媒体、公众的有用性不能变，回答问题的内容要有内在的统一口径。

发布会上，不管记者有多少个问题，基层新闻发言人都要艺术地回到统一口径的说法上来，冷静地回避 A 或 B 的选择，还要避免个人的看法，更不要以专家的身份去说话或替别人去说话。有时记者故意激怒你，让你往他设置的议题上靠，造成新闻"碰瓷"。或记者问到你所获授权外的问题，这时仍要考虑自己工作的统一口径、以往发布信息的统一口径、跨部门的统一口径。跨部门的口径要在发布会前协商，不能出现部门之间、行业之间互相"撞车"的问题，必要时应向上级部门请示协调。

案例分析：2012年商丘市夏粮收购运行资金供应和管理工作新闻发布会

2012年7月1日，正值夏粮收购之际，某财经报记者路过民权县，看到个别粮贩收购小麦没付现金，第二天以"商丘夏粮收购打白条"为题的文章刊出，还明确表示要跟踪报道。国内各大网站纷纷转载，多家媒体来电欲"乘势而为"，中央电视台《焦点访谈》栏目组也在赶赴中储粮河南公司路上，省政府还准备成立工作组深入调查。夏粮收购涉及的市粮食局、农发行商丘支行、中储粮商丘储备库等单位负责人备感压力。

获悉舆情后，我们马上分析，认为该事件若处置不当，会影响中央惠农政策的实施和地方政府的形象，尤其"打白条"是农民一个时期的"痛"，字眼过于敏感，必须回应。当时，个别单位领导害怕得罪发布报道的媒体，想用"协调"的方式息事宁人，新闻发布会的筹备一度被搁浅。直到3日上午10时，面对新闻媒体的压力和上级部门的要求，经多方协调，相关单位领导终于决定举办新闻发布会。

根据层级管理原则，我们向市委、市政府主管领导汇报，获得授权，以商丘市人民政府新闻办公室、农发行商丘支行、商丘市粮食局、中储粮商丘储备库等单位名义举办新闻发布会。具体到准备方面，我们从舆情和真相中筛选相关信息，提炼有价值的内容，考虑发布会可能出现的状况，作好充分准备。

（1）确定发布会的主题

商丘市夏粮收购运行资金供应和管理工作新闻发布会。

（2）确定发布时间

3日下午。当时，有人感到太仓促，我们对相关负责同志讲，现在不仅要与前来采访记者的"车轮子"抢时间，而且要与互联网的"秒速"抢时间。

（3）确定发布会地点

放在农发行会议室，以便记者查找资料，实地采访资金运行情况。

（4）确定发布人和主持人

确定粮食局负责夏粮收购工作的局长、农发行商丘支行行长、中储粮商丘储备库的经理作为发布人。他们分别主管相关工作多年，经常"泡"在一线，业务熟、情况明，担当发布人底气足。主持人一般由基层新闻发言人来担任，本次发布会主持人是笔者。

（5）发布会具体分工

商丘市人民政府新闻办公室牵头，通盘考虑发布会各个环节，进一步了解舆情背景情况，邀请《大河报》记者作为第三方亲临现场采访有说服力的新闻事实，准备通稿；粮食局准备全市夏粮收购及监管措施方面的材料，公布媒体与公众关切的焦点调查以及处理结果；农发行商丘支行布置会场，介绍全市夏粮收购的资金运行情况；中储粮商丘储备库的负责人发布今年夏粮收购和资金到位实际情况；《大河报》记者以文稿的形式，发布某财经媒体曾报道"收购点"的现场见闻。

（7）在发布会前，搜集全市夏粮收购信息

①收购资金充足，不存在国家粮食收购企业资金运转难的问题。

②有关单位初步调查，媒体所说的"打白条"发生在顺河乡，这是下岗职工米成刚与人合伙，共同租赁停产企业仓库开设的一家个体收购点，为邻近的一家山东面粉企业代理收购小麦。到这里卖粮的都是当地的农户，有时面粉厂资金拨付不到位，就给农民打个便条，也叫欠条，一般两三天就能给农民结清，农民也都认可，也没有出现过问题。被媒体抓住把柄的原因，在于该收购点打欠条时，用了粮管所2000年使用的过期发票，记者看到上面印有"河南省粮食发票"字样，加之米成刚曾经拥有的粮管所公职身份，误认为是收购企业"打白条"。

③全市认真疏理各粮食收购单位管理环节，以便及时追究或处理相关责任人，但没有发现任何明显的缺陷，作为信息发布方占据了真实与道德的制高点。

（8）邀请媒体

这次发布会邀请了所有能莅临现场的媒体，包括此次参与曝光的媒体，但他们没有人参加。

（9）统一口径

由于参加发布会的相关单位之间有业务交叉的地方，为了统一口径，我们安排银行、收购企业、粮管部门提前做好沟通，心中有数，不能出现"各唱各的调"。

（10）组织发布

我们以新闻发布会的方式回应了"打白条"真相。由资金供给单位从宏观上介绍资金充足的事实；监管部门介绍夏粮收购的体系建设，如何严打死守堵塞漏洞；收购主体、粮农代表用数据、自身做法证明某财经媒体"以偏概括全"，并主动接受记者面对面的采访，从多个层面来增强政务透明度和社会的信任度。另外，资金供给、收购主体单位公开向社会承诺，将强化服务意识，欢迎社会各界人士监督。

由于环环相扣，有理有据，某财经媒体的跟踪从此"匿迹"。

当时，中央、省、市媒体 30 多名记者参加新闻发布会。发布会还通过网络直播等形式，向社会公开 2012 年商丘市夏粮收购整体平稳有序进行的情况和"打白条"真相。中央电视台、中央人民广播电台、《河南日报》、河南电视台、河南广播电台、《大河报》、《粮油市场报》等几十家媒体相继发表了一大批正能量的稿件，网络转载的"打白条"稿件相继撤下。

本次发布会的具体做法和经验，被省政府列为新闻发布成功典型案例收录。受本场新闻发布会的启发，中国农业发展银行从 2013 年起，在年度工作计划里均明确规定，夏粮收购前各地都要举办新闻发布会，将资金、收购网点及时公布于众。

笔者对这次新闻发布会的体会是：1.要及时抓住问题要害，言之有物；2.事实要清楚，准备充分，伸缩有度，有应对预案；3.对待媒体应友善，但涉及形象与事实等原则问题，要敢于面对，讲真话，不能靠一味地"协调"；4.发布主题要有针对性，发布内容翔实，邀请媒体担任第三方亲临现场可增强公信力；5.争取各级领导支持、部门配合，形成持续有效的合力，举办高水平的新闻发布会。

二、新闻发布会的形式和注意事项

（1）基层新闻发布会要善用直播扩大影响

条件允许的话，重大事件新闻发布会要选择一家可靠的较有影响力的广播、电视或网络媒体进行现场直播，力争发布内容不失真，给人完整的视角，降低信息碎片化的概率。同时，也能提高信息传递的速度。其实，微博现在也具备了发布现场直播功能，操作方法也很简便，基层新闻发言人完全可以通过官方微博自行实施。

基层新闻发言人要利用好网络发布平台，它已成为地方扩大发布影响的重要渠道。在很多舆情处置中，利用微博、微信等方式发布，貌似不够轰轰烈烈，但其便捷、直接、即时、朋友圈推介的特点，的确能够在一定的区域或行业发挥积极作用。

（2）主持人要发挥好补台作用

主持人不仅要做好开场白，还要在发言人出现"卡壳"的时候，勇于"抢题"，通过点名（另外的人发言）或补台等形式，迅速掌控局面。

（3）给记者提问机会要均衡

媒体大致分这几个类型：传统的中央媒体、地方媒体，新兴的网络媒体，都市类媒体，行业媒体，港澳台地区媒体，外国媒体。对待媒体，应一视同仁，不要人为地厚此薄彼，争取给予各类媒体提问的机会是平等的。

（4）基层新闻发言人要适当参加"彩排"

在举办重大新闻发布会前，为确保发布效果，基层新闻发言人要参加"预演"，查漏补缺，避免出错。任何成熟的基层新闻发言人都需要"闪光灯"的历练。

（5）新闻发布会是读稿还是脱稿

新闻发布会不提倡看稿子，这样不利于新闻发言人与记者眼神的平视与交流，不能及时调整气场。对一般性新闻发布会而言，脱稿自然是最好。但如果是政治性、政策性较强的发布，一定照稿读，甚至标点符号、语气都不能错。

（6）基层新闻发布会的"3+1"

所谓"3+1"中的"3"是指基层新闻发布会有三个阶段，一是发布人走上发布席前的阶段，记者或有可能为获取独家新闻、提前发稿或为新闻深层次的探秘而提前接近你。这时，一般不建议发布人与记者握手暖身，防止记者提问，引发现场秩序混乱。但是，发布人可以提前到场，了解现场记者情况和信息动态，及时作出相应的调整。第二阶段是主持人宣布发布会开始到结束的阶段，这时发布人按内设的程序进行发布和回答媒体提问。三是正式发布会结束后，发布人离开发布现场的阶段，记者往往会围追堵截，想从发布人嘴里再套点新闻出来。此刻，因场面较乱，发布人说的话，也可能被记者不完整地记录下来，稍不留意就会造成歧义、失真。这时，发布人应尽量不发布新的信息，要么尽快离场，要么严格按照既定的口径，有选择性地说话。

案例分析：某中学校领导接受采访言辞不当

2011 年 8 月，河南电视台都市频道记者来到某中学采访乱收费问题。该校领导在前边接受采访的时候，很严谨，说得都很好，包括起因是什么，接到学生家长反映后，在教育局纪工委的介入下，学校如何自查自纠修正了错误。这样的新闻发出来对学校、地方教育管理部门的形象都不会有太大的伤害，而且事情已妥善处理过了，是盖棺定论的东西。从新闻发布角度上看，提供信息是成功的。可是，记者在合起采访本后说，到你办公室喝点茶吧。

该校领导看大家都很友好，便热情应允。闲唠嗑的时候，不知这位校领导的哪根神经被触动了，他开始大倒苦水，这么大的学校，去年地方政府仅投入很少的钱，学校为了适应生源的需要，自筹资金扩建了一栋教学楼，本想通过高价借读生来弥补学校经费的不足，不想费力不讨好，自己还因此背了个处分，钱被退了回去，家长满意了，政府落人情，学校背债务，真的不是我们学校对学生狠，而是政府"太狠"。他不知道，看似闲唠，尽管摄像机的镜头没对准他，第二场发布会却这样悄悄地举行了，电视可以打字幕，主持人可以进行评说，他的话能够被引用。后来，该记者新闻稿的标题就是"某某学校乱收费，校方称政府'太狠'"，报道播出当天就引起媒体、公众强烈关注，引发一场舆论危机。

所谓"3+1"中的"1"，就是新闻发布会结束后的一项工作，梳理漏洞，跟踪媒体报道，要及时否定媒体曲解发布会的错误说法。这些后续的工作和回应也是发布会的重要组成部分。不少基层新闻发言人往往认为发布会结束了，剩下发稿的事都是记者的活，自己"大撒把"，不管不问了，恰恰大意出现新舆情，"侧漏"戳破天窗。

案例分析：商丘新建大桥工程质量事件舆情处置

2016年2月，网络出现"商丘新建大桥'豆腐渣'工程"的爆料，传统媒体接踵而至采访。水利部门对该项目质量充满自信，决定主动回应。2月19日，我们在官方微博、微信、客户端"商丘发布"

中叙述了调查情况，并贴出监理、施工方表态和专家所提修整意见。可是，20日有媒体对发布内容断章取义，隐去关键词，并结合网络内容，放大为"河南新修千万大桥护栏裂缝""河南巨资大桥裂缝""商丘6894万元泄洪闸大桥裂缝"……千元即可修复的缺陷，被"有心"的媒体放大，加之一些媒体不假思索地转发，瞬间引发更多的公众关注。

正是这个"3+1"，让我们迅速发现舆情，启动跟踪回应："关于网曝虞城县王安庄泄洪闸大桥种种新闻，出现不负责任'标题党'，欢迎媒体去现场看，尊重公平公正的调查，尊重专家客观论断，凡'标题党'或不负责任断章取义的文章，以及没有根据的超越专业知识、国家法规的主观推测者，望回归真相，坚持实事求是！"当时，上级水利部门建议报警，认为构成虚假新闻，一是河南省一般水利项目桥造价在百万左右，该护栏计划审核也仅2万多元，怎来的千万；二是照片拍摄角度不能代表整体工程；三是该项目在施工中经上级水利质检部门多次多点检查，均没发现问题。商丘政府新闻办借助《新京报》官博评论功能，又分别进行5次回应，"请看原博！桥只是除险加固项目的一项，非媒体所称'千万'；裂缝是护栏两端（建在地面上的阻头），标题所指不准确；木条是修建护栏固定模板遗留，专家称即使存在也不影响护栏质量。""请看原博！本来护栏两端阻头，现被演变为护栏裂缝，又有媒体演变到大桥裂缝……新闻监督社会文明进步，若自丧公信力也会被公众唾弃，更不能有想象新闻！""谢谢关注商丘，我们坚持信息公开，有错必究。同时，也恳请媒体朋友：新闻要客观、实事求是、内容全面，要尊重专家、真相，不能为了眼球，标题、内容不负责任，我们欢迎监督，欢迎专家前往现场。""16日商丘市水库建管局即组织专家实地论证，拿出整改意见，监理、施工单位均接受批评，积极修整，专家实践经验丰富，所提建议亲笔签字，体现担当！""本博19日对外发布《关于网曝商丘市王安庄泄洪闸大桥护栏两端局部出现裂缝、护栏内嵌塞木条及水泥脱落一事回应》后，经水库建管局、专家、监理督导，施工方已按要求修整完毕，现设立限行标志。将来，由上级主管部门组织验收，验收前还要请具有相应资质的第三方对主体和表面进行测验。谢谢大家关注！"《人民日报》客户端也及时转发本博调查结果与专家处置意见，告知公众，还配发了修整后的照片。同时，我们向相关单位反映某些媒体不端或不负责任的行为，相关记者受到批评，舆情由此逆转。

（7）基层新闻发言人要善于造势

在举办重大活动前，基层新闻发言人要善于调动各类媒体优势，持续设置话题发布新闻，营销施政理念，宣讲其与公众工作、生活的关系，推动舆论氛围不断升温，激发公众参与的热情和愿望，引导大家进一步支持政府的行动。

案例分析：商丘国际华商节

为了推动商丘地域经济发展，进一步加强河南和商丘同世界各地华商的联系与合作，弘扬中华民族优秀的商业传统文化，推进商业诚信和商业道德体系建设，商丘市决定每两年举办一届中国·商丘国际华商节，以此打造与世界华商互通互联的平台，拉动招商引资，提升商丘产业结构。可是，怎样赢得世界华商的认知，让他们前来"寻根问祖"？

在确立这个创意后，商丘市委、市政府从造势入手，积极营造氛围，凝聚共识。第一步，围绕"商之根"做文章。商丘市多次组织历史学家召开关于"商品、商业、商人起源"的理论研讨会，对外发布商丘不仅是"商部落"居住地，而且商品、商业、商人也源于商丘，这个结论被写入人民教育出版社出版的全日制普通高级中学《思想政治》教科书相关章节。第二步，大讲"商文化"。通过发布关于华商节徽章、吉祥物、主体活动、主题词、影视剧等征集、评奖，提高公众的参与性，营造浓厚的"商文化"氛围。第三步，广邀世界华商参与拜"商祖"。商丘市政府分别在北京、郑州等地举行中国·商丘国际华商节新闻发布会，向媒体和公众讲清华商节的意义，举办的时间、地点、活动内容，公开邀请世界知名华商到商丘寻根问祖。第四步，谋划细节，作好迎宾准备。成立全国工商联、中国侨联、河南省政协三家参与的高规格的组委会，对外不停地发布华商节各项筹备工作进展，让抽象的理念，变成人们摸得着、看得见、握得住的具体行动。第五步，培植"根亲"文化。为了让更多的公众感知华商节，商丘市建设了与"商"相关的主题公园、广场、纪念馆、文化长廊，以显著的"商"元素激发公众与世界华商的荣耀感、神圣感，并通过传统媒体、新媒体多层次地发布华商节现场实况。第六步，节会搭台，经贸唱戏。为了把华商节办到实处，让公众理解，发挥持续的效应，商丘市持续发布华商节取得的政治、经济、文化成果。

目前，中国·商丘国际华商节被河南省委、省政府确定为省级五大节会之一，也是经党中央、国务院批准保留的节会。中国·商丘国际华商节还被评为"全球十大根亲文化盛事"，中国侨联在商丘建立了"世界华商工业园"。挖掘历史潜能，助推信息传播，不仅把商丘逐渐营造成一个世界华商向往的地方，还强力推进了地方经济的发展。

三、把握新闻发布会场的各个环节

基层新闻发布会，代表着一个地区、一个部门的形象，各个环节至关重要，要考虑周全，布置精细，检查到位。

1. 会场布置

制作、悬挂发布会背景，原则上参照国务院新闻办公室发布大厅的色调，落款单位要符合发布会层次的需要。

根据需要，合理摆放发布台，发布台一侧最好有侧门，便于新闻发言人进退场。发布台一般坐姿高为 80cm 左右，站姿为 120cm 左右。按照出席发布会单位的级别或发言人的主次顺序，摆好座次牌。发布台下设置记者席。

摆放茶水，检查所有与新闻发布有关的话筒、音响、网络、投影等设备。

2. 检查发布人的衣着形象

发布人出席发布会，尽可能身着正装（一般是西装，夏季炎热时也可着长袖衬衫或半袖衬衫）。根据发布主题，也可选择当地特色服饰，起到烘托气氛的效果。重大、肃穆类发布会，一定要穿着庄重（以深色为宜）。发布人服饰不宜与背景布的颜色太接近，也不要刻意"浓墨重彩"。

3. 巧控会场秩序

尽可能在新闻发布会会场门口外设立登记台。

会前，请所有来宾和记者作好登记（签到），留下他们的联系方式，及时发放材料，做好来宾和记者的引领。会中，根据回答的需要，提前做好场内话筒传递的安排。新闻发布会的主持人可以事前向记者了解所关心的问题，并请发布人预作准备，在会中可以在适当的时候点名让这些记者提问，让发布人回答这些事先有一定准备的问题，起到调控现场的作用。

4. 尽最大可能地为记者提供周到便捷的服务

为记者提供电脑所需的电源、网线（或在明显位置提示会场开通 Wi-Fi，告知公用密码），设置摄像（影）台，备置记录本、一次性笔。

5. 善于借助科技手段

在发布会中，基层新闻发言人在介绍事件背景、对比数字或物证影像时，如果以多媒体或场景布置显示的图片、表格、短片作为新闻发布的补充，则能增强发布会的现场感。

6. 主持人应及时宣布今天发布会到此结束，迅速引导发布人离开现场，必要时现场工作人员要有"救驾"的准备

发布会上，如出现冲突氛围较浓的情景，在完成主要内容发布后，主持人可在适当的时候迅速宣布发布会到此结束，让发布人尽快离场。遇到记者纠缠，发布人要冷静应对，现场工作人员要主动上前"救驾"。

基层党委外宣办、政府新闻办（包括各基层单位的新闻发言人）所处的环境也容易成为新闻发布厅外的"第二发布场"。一般情况下，只要记者扛着机器进门，或者他们坐下貌似无意摆弄机器、手机，这些部门的同志要迅速让自己转换为接受采访的状态，不要随意说话。因为公务身份，你说的每一句话都有可能被记录下来，并且被报道出去。他们即使合上笔记本，也不意味着采访结束。甚至在交流的过程中，应减少不必要的点头或摇头，避免与他们的问话巧合，避免因剪辑、合成造成你的立场、观点说不清。

四、如何把握新闻发布会的氛围

每个基层新闻发言人都可以靠自己的组织、协调，自己的语言调度形成发布会现场独特的氛围。这种氛围体现着基层新闻发言人的底气和应变能力，也是新闻发布会成败的具体表现之一。全国人大新闻发言人李肇星"哪壶不开提哪壶"，全国政协新闻发言人吕新华"你懂的""任性""铁帽子王"等语言的巧妙运用，不仅丰富了语言的表达力，也传递了新闻发言人具有新鲜的时代气息。

新闻发布会的良好氛围，能影响、带动记者和公众的情感，使其心理状态慢慢随之发生变化。一个精心布置的现场，自然会形成或庄重或热烈的氛围，再加上基层新闻发言人（主持人）的节奏掌控、语言烘托，自然而然就会让参会记者及其他人产生相同的感受。这种影响不是发言人身材的宏伟，不是占据高高的位置，不是场面的奢侈，也不是唇舌的强辩，而是新闻发言人的语言魅力，用亲和的氛围、真诚的情感去感染不友好的噪音，实现说服功效，消化舆论危机。

基层新闻发言人要想营造良好的发布氛围，必须时刻把握发布会场上的动态，既不要被对方咄咄逼人的提问激怒，也不要因表面的平静或对方的恭维得意忘形，必须能够明察秋毫，让自己的思维比舌头快半拍。

　　有些新闻发言人还会提前把一些媒体记者的背景了解清楚，这是第几次见面，有什么个性，曾看过他们什么经典之作，在发布会时点评两句，或回顾一下往事，显得对记者很熟悉，对他们的工作很尊重，从而拉动所有在场人的情感，有利于营造良好的发布气氛。每位新闻发言人的办公室里都应有一份记者档案，姓名、单位、联系方式、什么时间见过面、采访或讨论过什么问题、处置结果、是否留有影像资料等。

第九章 基层新闻发言人如何把握发布语言技巧

与媒体、公众沟通是一门艺术，也是基层新闻发言人必备的能力。不同的环境，不同的氛围，不同的说话方式，会带来不同的社会效果。

基层新闻发言人是党委和政府重大方针、政策的发布者，也是社会主义核心价值观的宣传者，自己不仅要把政策吃透，而且要能够结合不同的受众，灵活解读发布的内容，甘当群众中的"深水鱼"，把"官话"变成受公众欢迎的"土话"。基层新闻发言人一定要会说话，不仅指在日常语境中能说会道，更要在特殊的语境中能应对自如，把复杂的政治含义、施政方略包含在普通的言语间。

基层新闻发言人的语言技巧不是与生俱来的，也不是一本教科书列出若干问题让你背出来的，需要自己不断用心揣摩、不断刻苦练习，需要做到几个坚持。

一、基层新闻发言人语言技巧的六个坚持

新闻发布的语言技巧没有统一的"尺寸"，但还是有一些内在的规律和原则需要坚持。

1. 坚持道义的制高点

基层新闻发言人的主要职责之一是要树立政府良好形象。而这就需要

基层新闻发言人无论在个人行为上，还是在工作业务上，都必须坚持社会道德和职业道德标准，时刻严格要求自己，表里如一，自觉地接受媒体、公众监督。

案例分析：中央电视台著名主持人毕福剑"严重违犯政治纪律"事例

2015 年 4 月 6 日，中央电视台著名主持人毕福剑在酒场上借演唱《智勇威虎山》戏谑点评损害老一辈党和国家领导人形象的视频在网上流传，引起网民愤慨，痛骂他"吃党饭，砸党锅"。中央电视台迅速发布毕福剑停职接受调查的信息。其后，国家新闻出版广电总局通报，毕福剑的行为严重违反政治纪律，将依据有关规定严肃处理。毕福剑是媒体资深人士，本该有较高的个人道德操守和职业素养，但其放纵的言行却令其形象毁于一旦。

基层新闻发言人也是公众人物，自然要注意言谈举止，无论公开场合，还是私人场合，无论是内心感受，还是对外说辞，都应一致，符合要求。要坚持道德高地，与党和人民保持一致性，不忘服务公众的职责，懂得尊重媒体和公众。

2. 坚持情感的共鸣

情感的共鸣，是基层新闻发言人与媒体、公众有效沟通的基础。在汶川大地震中，国务院新闻办公室举行发布会，主持人首先建议与会人员起立，向遇难者肃静致哀，用无声的语言营造了庄重的氛围，政府与公众、媒体的情感无形中产生了共鸣，强大的气氛感染了发布会，也推动了国人众志成城的精神凝聚。

情感是撬开沟通渠道的"千斤顶"。基层新闻发言人要善于在话题中寻找触动媒体和公众灵魂的细节，营造情感上的共鸣。

案例分析：一场募捐活动中的情感共鸣

根据工作安排，笔者曾在商丘市为汶川大地震举行一场公开募捐活动。现场诗人的深情朗诵、《爱的奉献》歌声营造了浓厚的气氛。忽然，笔者看到有位老大妈，一只手提着装满废瓶子的塑料袋，一只手小心地捐出一百元钱。于是，笔者赶到捐献台前，高高地扬起这位大妈的双手和塑料袋。这时，主持人走向前，含着泪说，一个废瓶子捡起来不值一毛钱，她不弃不舍，而这捐出的百元钞票，相当于上千只瓶子，堆起来恐怕这么高，用塑料袋装也怕要几十袋。这是一份多么厚重的慈善情，仁爱心……现场掌声响起，捐款的人排上了长队。

---

3. 坚持一贯的态度立场

基层新闻发言人要坚持一贯的态度立场，不能朝三暮四，或人云亦云。应在表态或发布信息前认真研究将要说的话，信息准不准确，能不能站住脚，其内容是否与以前说的话存在矛盾。当然，过去的信息错了，现在及时更正、道歉，这不会被认为是弄虚作假，主动纠正比被记者公开质疑好。

无论是基层新闻发言人，还是公众人物，记者总会从你历次发布的观点里找到他或公众感兴趣的话题。你的不一致立场与观点，恰恰是舆论场上的炒作的热点。当年，美国总统尼克松因"水门事件"丑闻而辞职，福特继任后，他的新闻秘书特霍斯特说，"尽管尼克松和福特二人关系密切，福特大概不会赦免对尼克松的刑事起诉。"但福特在上任一个月后就签字赦免了尼克松，这与特霍斯特之前发布的信息相冲突。特霍斯特立刻宣布辞职，并对同伴说，"从此与发言人职务再见！"

4. 坚持议题主导的原则

议题主导能力体现了新闻发言人在复杂语境中的应对水平。在新闻发布会上或场下与记者沟通中，有时记者会提出与议题无关的内容，甚至是带有挑衅意味的问题，基层新闻发言人必须坚持议题主导的原则，不能被记者牵住鼻子，避免落于"圈套"或陷入解释不清的困境。

案例分析：一次采访中的议题主导

有位记者曾经电传新闻稿到商丘市政府新闻办公室，让核实相关内容。笔者经充分调查并获有关领导授权回应他，交流还算畅通，但该记者突然把话题转到被媒体热炒的李新功强奸幼女案上，笔者几次引导记者把话题回到稿件上来。可他执拗地说，任用李新功这样的干部，你们商丘市委是否有责任，该不该追究？当时虽然彼此不能面对面，但电话线连着彼此的态度和看法。找托词，一对一，没有机会；放下电话，沉默，记者也可以借题发挥。于是笔者回答，案件里的受害者是商丘人民乃至全国人民的痛，更是他们爸爸妈妈的痛。请相信，我们的法律，也一定会让李新功受到应有的惩罚。笔者的回答很简短，这时要考虑对方有录音，每一句话都有被引用的可能，而且回应与永城方面的历次发布核心保持一致，与查处李新功的事实保持一致，与省、市有关领导的批示保持一致，坚持了议题的主导权。

回应，不能放弃议题主导权，否则会陷入记者的"圈套"。关于李新功的任用市委是否有责，该谁担责，都不是笔者这个层级能认定或能回复的，所以，不能任其"碰瓷"。笔者在这里坚持了议题的核心信息，笔者的表态也是政府一贯的态度立场，记者对地方政府无法质疑。

5. 坚持友好的原则

基层领导干部和基层新闻发言人在回答记者的问题时，要尊敬记者，尊敬记者的工作，不能蔑视媒体、武断地逃避采访，要坦诚、客观地面对事实，要有耐心去倾听记者对素材的诉求。更不能扣压记者证件和设备，或者无法律依据地限制记者人身自由，也不要随意中断记者的采访（特别是直播）。

案例分析：采访中应如何对待记者

几年前，受中央人民广播电台《新闻纵横》委托，河南广播电台一名记者到兰考采制国庆特别节目《县委书记的好榜样焦裕禄》。在焦裕禄陵园敬献花圈的现场，时任兰考县委书记答应吃完中午饭后接受采访。可下午，这位书记说："焦裕禄同志在兰考有好多事都没办好，我的任务很重啊。"其间，记者不断提醒他要多谈谈焦裕禄精神，这位书记突然激动起来，"我对你的问题不感兴趣。"随后大骂记者……

这里且不说这位书记对焦裕禄精神的认识有多少错误，单单对待记者不耐烦的态度，就值得我们基层领导干部和基层新闻发言人反思。在现实中，有些基层领导干部和新闻发言人在接受行业媒体或不知名媒体记者采访时，容易出现"狂躁"的情绪，但是释疑解惑、阐述党的方针是每一位公职人员的职责和义务，面对舆情既不能"打坐休息"，也不能与记者赌气。

6. 坚持回避技巧的原则

有些记者在采访时突发制人，上来就叽里呱啦给你一连串问题，故意影响你的思绪；有些记者还会用"预设"的情况作为问题提出，如：据我所知，事情是这样；有传闻称；如果事情是这样的；某领导或同事怎么说，你认为应该……这类预设是猜测，你的任何回答，都会被解读为认可了记者的假设。有些记者还会以私下交流的口气探讨某个内幕或你的态度，这时你要意识到，明天的媒体上可能就会出现某某新闻发言人表示……一般情况下，记者设置的议题，基层新闻发言人要顺应要求回应。但当遇到这些例外时，基层新闻发言人要高度警惕，善用回避技巧说"不"。

案例分析：运用回避技巧说"不"

一次，笔者陪某中央媒体记者下乡采访，在路上聊天时，他无意中拐到基层干部上升隐性台阶的话题。因为是正面采访，彼此关系又很默契，笔者便顺着他的话延伸了几句。忽然醒悟，话说多了。这位记者还追问，说得挺好怎么断了？笔者笑笑，看这车把思路给颠断了（巧妙拒绝）。他开玩笑说，怕我把你的话发出去吧。后来想想，若聊成一个热点话题，不经意的"出轨"一定会给自己带来很大的麻烦。

二、基层新闻发言人的行为语言技巧

有位记者介绍，他在就消费者质疑某公司产品技术标准有误进行采访时，该公司的老总沉默不语，采访简直无法往下进行，但他敏锐地看到一个细节，每次遇到敏感的话题，该公司老总都忍不住站起来，连续三次。结果记者报道出来的画面是该公司老总面对质疑几站几坐，凸显不安，尽管没有片字回答，但还是导致公众对其产品的担忧。

基层新闻发言人在发布会上回答记者提问，或者接受记者采访，有些问题，可以选择短暂的沉默，沉默也是语言行为。但不要次数太多，避免记者认为你理屈词穷，被理解为"无可奉告"。不要轻易做出与回应记者问题无关的行为，行为也会成为语言，也会表达态度。一次，在接受记者采访中，笔者还没想好怎样具体回应，思考中不经意摇了下头，记者在文稿中却写下：……对此，商丘市政府新闻办公室 XX 摇头予以否认。

面对记者，只要不是涉及灾难、事故、案件等问题，基层新闻发言人都应尽可能保持微笑或正常的神态表情，这样有利于人与人之间的沟通。另外，不能使用有污辱人或能引起歧义的行为动作，也不要矫揉造作，否则会让认为轻率肤浅，让媒体和公众反感，造成不必要的不满和对立情绪。

第十章 舆论危机后基层新闻发言人如何做好形象修复工作

基层政府的良好形象，是号召公众、吸引公众、影响公众的前提条件，有助于增强公众对基层政府的认同感、信任感，从而提高社会治理效率。然而，舆论危机如果处理不当，将会给当地党委政府公信力造成破坏，甚至让当地形象也极大受损。即使舆论引导及时有力，仍难免产生负面影响，且一时之间难以消除。对于舆论危机后受损的政府形象，基层新闻发言人也有必要通过具体的人物、事例的传播，进行形象修复，重新树立地方党委政府形象。

一、打造正面的舆论热点，吸引媒体、公众关注

在某个舆情难以正面引导时，基层新闻发言人要善于运用迂回战、运动战等手段，从其他方面寻找突破口，重新培植新的舆论热点，吸引媒体、公众关注度，从而淡化不利的舆情，尽快摆脱这种舆论危机的困境。

案例分析：商丘市处理领导干部贪腐案件舆论危机

2007 年，商丘市委原副书记张某、中级人民法院原院长郑某

因涉及商业贿赂，相继被省纪委立案调查，几位处级干部也被"拔出萝卜带出泥"。省委主要领导多次开会批评，群众也多有议论，使地方党委、政府形象蒙羞，备感"压力山大"。

当时，市纪委正在开展"讲学习、讲政治、讲正气"教育活动，笔者被抽调去协助对外宣传，时任纪委书记张琼征求这种舆论危机后的处置办法。笔者分析，首先，要充分认识到我们的干部队伍真出了问题，思想上、工作上、生活上都有值得检讨的地方，如果就案件本身引导舆情，势必引发公众反感。我们要做好形象修复，必须让公众切实感受得到我们整改的措施，以及未来的希望。其次，要积极寻找一个群众关切的热点，从解决问题实际出发，打造正面的舆论高点。

于是，经过商议提出了如下举措：（1）通过媒体公开涉及领导干部贪腐案件的处置信息，满足公众的信息知情权，告知公众市委、市政府有能力、有勇气惩治、预防腐败，避免"民间舆论场"对政府形象的持续损伤。（2）发布商丘市纪委组织党员干部观看腐败案例图片展、组织领导家属参观监狱、完善党内监督制度等信息。（3）主动设置议题，营造一种有错必改、违纪必纠、违法必惩的舆论氛围。（4）在商丘首次实行禁止公职人员工作日午间饮酒等系列举措。（5）针对市委门口发生的群众举着横幅上访事件，我们认为社会感观非常不好，这是热点。尽管各级领导干部有接访制度，为什么会出现这样状况？首先，群众不相信基层组织能够真正解决问题，认为只有找领导，大闹大解决；其次，有些群众遇到问题，真的不知去找谁，认为只有见到领导才能算入了解决问题的门；再次，确实存在个别单位领导的门难进、脸难看、遇到问题躲着走的现象。针对这些状况，我们可以从改变机关工作作风建设的热点入手，组织乡、县、市机关工作人员上街办公，与群众面对面沟通，公开发布各单位职能、领导电话，让群众知道有事去找谁。

该意见被市委采纳后，迅速组织实施，多家媒体予以报道。很快，社会上的负面声音少了。

二、无形的舆情怎么办？

相对于媒体的报道、网络上的公共留言这些能看到的有形舆情，在民间百姓的口口相传之中，还存在对政府无形的评价。这种无形的舆情看不到，如果不深入百姓群众中，就不容易听得到。

长期以来，有些基层领导干部、新闻发言人漠视无形舆情的存在，自然也不知道政府行为是对是错，是好是坏，不懂得、也不想、更不会主动修复这些无形舆情中政府受损的形象，日积月累，透支了"鱼水情"，造成基层党委政府的公信力下降，老百姓成为"老不信"。面对这种无形的舆情，基层新闻发言人同样需要作出回应，同样需要去主动作好形象修复。

案例分析：三义寨水利工程民工弃逃事件的信息传播

很早前，笔者曾在乡镇工作，被抽调到县三义寨水利工程指挥部，负责工地广播稿的编辑和对外宣传。由于当时机械化程度差，开挖河渠靠大量的民工，加上对地理的客观条件认识不够，常常挖了一天土，天明又被流沙淤平。苦干半个多月的十万民工看不到成功的希望，大量的年轻人慢慢酝酿着焦急、骚动，忽然一夜，数万民工火烧工棚而逃。尽管大批民工经过劝说又返回工地，也没有媒体公开报道，但这种似乎看不见、实质上存在的"民间舆论场"，对县委、县政府形象损伤很大。

当时，笔者分析，只能少说多做：一方面，将舆情"冷处理"；另一方面，坚持大量编发表现勤劳的工友、创新的技术员和与群众共甘苦的一线领导等典型人物的广播稿，表达指挥部领导攻无不克的决心和民工们战无不胜的信心，从内部压缩"民间舆论场"的空间，成功转移了舆论危机后的话语权。同时，笔者每天坚持徒步几十公里，迎寒风，踏泥泞，越流沙，深入一线采访民工。夜深人静，趴在地铺上思索，挥笔撰稿，最后写下《英雄面前无困难》等长篇通讯，在《商丘日报》《河南日报》等媒体发表。通讯稿既交代了引黄工地所处的艰难困境，极大程度上争取了社会公众对以前变故的理解，又充分展现了民工坚定信心的斗志。发布的信息没有提及民工弃逃现象，但通过第三方的信息传播，告知了特定的人群，他们内心的焦虑和口头议论的事情已成为过去时。

三、舆论危机后的形象修复要持之以恒，有系统的规划

舆论危机给地方形象带来的伤害，有时候不是搞一次回应，组织两篇文章，做三五件事就能修复的。基层新闻发言人需要有长期准备，当作一个工程，细化目标，不懈地组织相关部门和人员通力协作，持之以恒地去努力完成。

案例分析：商丘市金融风险舆论危机的处置与形象修复

2002年底，多家媒体报道，商丘市不良贷款率高达71.34%，辖区内金融机构均处于亏损境地，商丘被有关部门戴上"高风险投资区"的帽子。于是，商丘城乡居民存款大幅增长，而各家金融机构在商丘的贷款存量却大幅下降，形象受损，经济发展被制约。

当时，商丘市委常委、常务副市长吴宏蔚交给笔者一个任务，要通过舆论引导改变金融界对商丘的不良看法。笔者与人民银行的负责同志经过深入调查，发现危机的根源是部分企业和个人因破产重组等众多原因拖欠银行贷款，所以提议，要采取断腕求生的硬气，打破地方保护主义，支持依法收贷，揭批"老赖"，在全国率先建立诚信体系，通过创建"金融安全区"、建设"诚信商丘"、深化金融生态环境三部曲，阶梯式地对外宣传，从多个层面重塑商丘"诚信"的形象。

1. 成立金融安全区领导组和打击逃废债办公室，发布《关于商丘市金融生态环境建设工作的意见》《关于规范企业改制保障金融债权安全的意见》《诚信企业、诚信商户创评方案》等一系列制度，强化债权人在企业破产和重组中的法律地位，建立了农村、社区、企业信用电子档案，推动全市信用体系的建设。

2. 发布欠款清单。

3. 通过新闻媒体和公交车、出租车、商店、医院、车站等公共场所，广泛发布诚信标语、招贴画、文明言语，加大社会宣传力度，营造诚信氛围。

4. 政府作好市场主体的各项社会服务，建立项目信息中心，提供银企双方交流平台，构筑平等、互利、互信的新型银企关系，加大经济转变增长方式，降低投资风险。

经过策划、推进各项制度的发布，境内外媒体先后刊播商丘改善金融生态环境的稿件 310 多篇，其中笔者还在《经济日报》一版头条位置发表长篇通讯《河南商丘：诚信建设促经济发展》，提升了政府的号召力，先后为金融机构盘活不良贷款 10 多亿元，不良贷款比下降 32.7 个百分点，从舆论上彻底摘掉商丘"高风险投资区"的帽子，全面修复了不良形象。

四、基层新闻发言人要当好地方形象塑造与维护的践行者

2014 年 12 月，社科院蓝皮书《2013—2014 形象危机应对研究报告》指出，当前政府官员形象整体上呈现"破多立少"的格局，负面评价较多于正面形象。中国行政管理学会副秘书长沈荣华分析，这主要是塑造官员形象的做法太少。这也说明，地方党委、政府还缺乏正面形象塑造的意识。其危害在于：不利于别人对地方的了解，不了解这里的领导干部在干什么、怎么干的，印象模糊。一旦出现问题，马上以为这里什么都不行，造成"一棍子打死"的印象。形象的塑造与维护重在平时，不能出现危机时才想到形象重要。因此，基层领导干部和新闻发言人在认真研究信息发布和新闻传播规律的同时，主动担当地方党委、政府形象塑造与维护的践行者。形象的塑造与维护，不等于领导干部"个人秀"，它是一个地方的整体形象行为。基层新闻发言人推进地方党委、政府形象管理和形象建设，要善于根据舆情和时势的需要，积极发现好信息、发布好信息、向媒体和公众推销好信息，把身边的凡人小事做成"大文章"。

案例分析：商丘市的"非典"疫情报道

2003年春天，人们被"非典"疫情困惑，都很焦虑。当时媒体对北京小汤山的报道很多，但基层和农村一线的情况怎么样？当时记者到基层采访多有不便，而商丘恰恰出现一例 SARS 患者，增加了公众对地方防范措施的疑惑。笔者通过查阅简报、打电话等形式采访，引用了大量的场景、群众的见闻，发布基层井然有序的做法，在《人民日报》发表《就该我们上——记商丘市防治非典一线的共产党员们》等文章，让上级领导和群众切实感受到地方党委和政府在关键的时候是和大家站在一起的，有决心打赢这场病疫战。时任省委副书记支树平看到后，马上打电话给时任商丘市委书记刘满仓，盛赞商丘的做法好，很鼓舞士气。此稿还被《经济日报》《科技日报》等媒体转载，成功地推介了商丘形象。

目前，关于舆论危机后的形象修复，没有成熟的教材供大家学习，也没有成熟的模式供大家参照执行，这就需要我们基层新闻发言人不断地去探索。

后 记

去年盛夏，又一版修改的书稿终于在忐忑不安中搁笔。这时，商丘市委书记调整。宣传部传达新任书记王战营指示，做好宣传报道工作，不能被动等宣传，要主动加强舆论研判，加强工作预判，针对有可能发生的新闻热点，焦点问题，提前谋划，做好应对，确保不发生不可预见的舆论炒作。笔者闻讯欣喜，商丘市委几任书记对建立健全基层新闻发言人制度的认识是那么高度一致、连贯，他们的思想也正是本书所要体现的理念。宣传议题需谋划，舆情管理应前置。说实话，从构思到现在，拙作一次次推论，一次次修改，心里愈发透亮，这不仅是著作将面世的喜悦，而更多的是一字字，一句句，无不倾注自己对基层宣传事业的挚爱和责任感！

我是一个没有亲历太多名师言传身教，没有走出国门领略过外边世界的"草根"，但我接地气，知道基层缺什么，需要什么。书稿每完成一个篇章，都是我一次历经"沙场"的"复盘"，是我对从事新闻宣传、新闻发布工作的学习、思考、总结与升华。我相信这饱含"乡土气息"的"农家菜"，能够合大家的口味。

从初稿到付梓，转眼已是三年。在写作过程中，我也曾犹豫，甚至想放弃这个课题，因为要将一向习惯的形象思维方式变得如此理性、逻辑，转型真的很苦。然而，2015 年 4 月，中央宣传部发文，要把 2015 年作为"基层加强年"，宣传工作重心将下移。长期根植基层的我，犹如鱼儿得水，思路大开，信心倍增，充满力量。基层有其特殊性，必须具体问题具体分析，来自于实践的探讨是我们基层宣传工作者的强项。

信息公开是智者共识，新闻发布常态化是适应社会进步的趋势！

随着社会治理方式不断完善，新闻发布制度不断拓展延伸，我国基层新闻发言人从无到有，慢慢发展壮大。基层新闻发言人的工作越来越重要，承担的责任越来越多。每个基层新闻发言人都必须坚持学习，在实际运用中多掌握几把"刷子"，才能够随时站在媒体环境变化的潮头，与时俱进。

这是我第一本关于基层宣传工作研究的成果，相信不会是最后一本。由于基层条件所限，本书难免有不尽如人意的地方，所以真心希望各地基层新闻发言人能为我提供相互交流的机会，可用之处拿去运用，不足的部分告诉我，好在以后的作品里去弥补。

在这里首先感谢五洲传播出版社同意将本书收入"新闻发言人实务丛书"。感谢国务院新闻办的周畅同志，他娴熟的新闻发布业务和前瞻的理论思考对本书影响很大。在交流中，他曾提到，这本书最大的特点不在于提出了什么新的理论，而是汇集了河南省特别是商丘市近年来开展新闻发布工作的数十个真实案例。在这些案例中，我们可以看到，省、市、县等各级领导和新闻发言人，勇于探索、大胆创新，创造性地将新闻发布理论与基层实际工作有机结合起来，更加密切了党和政府与人民群众的关系，更好展示了党和政府形象。这既是本书的闪光点，也是一笔宝贵财富，为我们更好开展新闻发布工作，特别是基层新闻发布工作提供了极具实操价值的参考借鉴。感谢五洲传播出版社付平、高磊、苏谦老师为编辑出版此书付出了大量的心血。

初稿完成后，教育部原新闻发言人王旭明老师多次发微信与我交流心得，并多次鼓励我"完胜大业"。因听过中国传媒大学侯锷教授的课，很受启发，便想聆听他对本书的意见，忐忑中去短信索要邮箱，不料当即发来，侯锷老师还寄来新作《问政银川》。另外，国新办的葛广智，网信

办的 曲昌荣，《人民日报》的李智勇、白龙，《求是》杂志社的杨中华，河南省委宣传部、网信办、外宣办的多位领导，河南省哲学社会科学规划办公室的领导，《河南日报》的王平、田宜龙，中国传媒大学出版社的阳金洲、黄松毅老师都曾分别给以建设性意见，这里一并致以谢意！

同时，在我写作的过程中，商丘市委宣传部各位领导及同志们经常给予鼓励与支持，奉献案例与体会。我只能更加努力，以更好的工作成绩回报大家！也感谢宁陵等地宣传部门的讲谈邀请，给我提供了该书内容在基层得到验证的机会。

这里我也抱歉地说一下，书中有些例子可能困扰了相关地方的同仁，这里不是为了揭谁的短，而是为了供大家借鉴，为了党和国家的大形象，不能让曾经出现的伤痛再现。所以大家积累的经验与教训，都是社会的财富，是共同维护国家大形象所需。请予以理解，包容为怀，谢谢。

我的电子邮箱是：13703976679@126.com，微信号：人人麦克风的时代（加好友请实名 + 工作单位）。笔者愿意与大家分享舆情处置、形象塑造经验。

夏凡

2017 年 3 月终稿于商丘市香君花园

本书为河南省哲学社会科学规划项目成果［2014BXWO11］